LE LIVRE DE RAISON DES BALUZE

3

EXTRAIT

DU

Bulletin de la Société des Lettres, Sciences et Arts de la Corrèze

LE

LIVRE DE RAISON DES BALUZE

REGISTRE DOMESTIQUE ET CHRONIQUE TULLOISE

(1566—1641)

PUBLIÉ PAR

M. LOUIS GUIBERT

ET SUIVI D'UN

TABLEAU GÉNÉALOGIQUE

DE LA FAMILLE BALUZE (XVI° ET XVII° SIÈCLES)

TULLE

IMPRIMERIE CRAUFFON

36, rue du Troch, 36

Les Baluze sont de vieille et bonne souche bourgeoise : on les voit même faire leurs preuves de noblesse dès le commencement du XVIᵉ siècle. Tulle n'a pas eu de famille plus ancienne et plus considérée ; aucune ne l'honora davantage. Leur nom, dit l'auteur du *Précis généalogique pour Mᵉ Pierre-Clément de Baluze, écuyer, procureur du Roi en l'élection, contre M. le Procureur général* (1), est « également célèbre dans la république des lettres et dans la politique. » Plusieurs membres de la famille ont en effet rendu, soit à leur ville natale, soit à l'Etat, de signalés services ; mais le dévouement aux intérêts de ses concitoyens qui recommande la mémoire de Jean Baluze n'est guère connu au delà des faubourgs de Tulle et quelques savants seulement sont au fait des circonstances dans lesquelles Antoine, ses deux frères et son fils, séjournèrent longtemps en Pologne. C'est au souvenir de l'érudition et des travaux du

_____

(1) A Clermont-Ferrand, de l'imprimerie d'Antoine Delcros, imprimeur du roi, 1780, in-4°, p. 1.

grand savant du xviie.siècle que le nom de Baluze doit aujourd'hui tout son lustre.

Comme beaucoup de familles aisées et lettrées d'autrefois, les Baluze avaient des registres domestiques où le père notait avec soin les principaux évènements qui se produisaient au foyer, et consignait toutes les indications qu'il croyait pouvoir être utiles à ses descendants pour le gouvernement de la maison et la gestion du patrimoine. On retrouve des registres de cette espèce dans toutes les provinces de la vieille France et ils sont connus sous la dénomination générale de livres de raison.

Les Baluze possédaient des documents intimes d'un autre genre, beaucoup plus rares ceux-ci, et qu'on rencontre seulement dans les familles très notables, dont les membres ont eu part à l'administration des affaires publiques ou se sont trouvés mêlés aux évènements du dehors. Nous voulons parler de ces *journaux* dans lesquels, à côté des menus comptes, des achats, des voyages, des incidents quotidiens de la vie domestique, le chef de la maison conservait, dans une courte note, le souvenir de faits d'un intérêt plus général : des guerres, des négociations, des discussions, des assemblées où il avait été soit acteur soit témoin, ou dont il avait simplement recueilli l'écho. Le bisaïeul du savant Baluze : Jean, qui remplit les fonctions de consul dans les circonstances les plus graves, laissa un journal de ce genre dont il est parlé dans l'*Histoire de Tulle*, écrite par son arrière petit-fils (1). La famille n'en conserva malheureusement que quelques feuillets.

---

(1) *Huc usque diarium Joannis Balusii, proavi mei, ex quo nihil superest præter quinque parva folia semilacera.* (Historiæ Tutelensis libri tres, auctore Stephano Baluzio, Tutelensi. Parisiis, ex typographia regia, 1717, p. 263). On trouve ces feuillets au t. 260 des *Armoires de Baluze.*

Tout a été dit sur les livres de raison, et nous n'avons pas l'intention d'entrer ici dans de grands détails sur un sujet aujourd'hui familier à tout le monde. Rappelons seulement le but de ces registres et l'esprit dans lequel ils étaient rédigés. Si, dans notre conception moderne de la société, l'individu est tout et la famille rien ou à peu près rien : un simple organisme tutélaire, un milieu plus ou moins bien préparé pour protéger le développement physique et intellectuel — faut-il ajouter : moral ? — de l'enfant, il n'en était pas de même autrefois. La législation, comme la coutume, comme les mœurs, avait en vue avant tout l'intérêt du groupe, la conservation du patrimoine, le maintien du foyer, la durée de la race. Le père de famille, maître presque absolu des personnes et de la fortune, savait que cette autorité ne lui était confiée que pour le bien commun. Profondément pénétré de la gravité et de l'importance de sa charge sociale, de sa responsabilité devant Dieu et vis à vis des siens, il considérait comme un simple dépôt et le pouvoir et le patrimoine remis en ses mains ; il devait compte de son administration à ses successeurs. Ce compte, il le rendait dans ces livres de raison que nous recherchons avec tant de curiosité, après les avoir si longtemps et si injustement dédaignés.

Nous nous étions imaginé qu'un petit nombre seulement de ces registres avaient été conservés dans notre province. Des recherches poursuivies avec le concours de plusieurs de nos confrères, MM. Alfred Leroux, l'abbé Lecler et J.-B. Champeval notamment (1), nous ont démontré combien

_____

(1) Il serait injuste de ne pas rappeler ici que nous devons à M. F. de Mailliard la publication du premier livre de raison limousin qui ait été mis sous les yeux du public (*Bulletin de la Société scientifique et historique de Brive*, t. I, II, III).

grande était notre erreur. En moins de cinq ans, nous sommes arrivé à réunir une cinquantaine de ces manuscrits, formant une suite non interrompue de documents sur l'histoire de la famille en Limousin depuis le commencement du xve siècle jusqu'à la Révolution. Les indications que nous avons relevées dans ces manuscrits établissent de la façon la plus certaine que l'usage de tenir de semblables registres a été général dans notre contrée. Nous y avons également trouvé la preuve que les livres domestiques sont connus en Limousin dès le xiiie siècle.

Pas plus que le journal intime, le livre de raison ne se renferme toujours dans le cadre de la vie domestique. A l'horizon de la famille ne se limitent pas l'esprit et le regard du maître de la maison. A côté des *mémentos* concernant les affaires et dont la forme originale fait parfois naître un sourire, à côté des mentions des naissances, mariages, décès, qui constituent les annales proprement dites du foyer, on rencontre souvent un écho des bruits du dehors. Si hermétiquement clos que soit le sanctuaire de la famille, si impénétrable qu'il paraisse, l'émotion des évènements extérieurs s'y fait sentir et certaines pages du livre de raison trahissent parfois l'inquiétude, l'épouvante ou l'enthousiasme qui agitent l'âme de son rédacteur.

C'est ainsi que, pour ne pas chercher d'exemple en dehors de nos registres de famille limousins, plusieurs mentionnent les épisodes les plus saillants des guerres qui sévissaient alors dans la province. Le manuscrit de Gérald Tarneau, notaire à Pierrebuffière, (1) renferme une véritable

---

(1) Publié par M. Leroux : *Charles, Chroniques et Mémoriaux relatifs à l'Histoire de la Marche et du Limousin.* (Craufion et Ducourtieux, 1888).

chronique, pleine de mouvement et de couleur, de la lutte entre Jean de Laigle et les bourgeois de Limoges. On relève, au registre des Massiot, de Saint-Léonard, quelques lignes relatives à la mort de Charles le Téméraire. Au manuscrit des Bony de Lavergne, nous trouvons la mention du sacre de Louis XII et de curieuses pages concernant les guerres d'Italie. Celui d'Elie de Roffignac contient plusieurs paragraphes ayant trait aux élections pour les Etats généraux, une note sur l'assassinat de Henri III, de curieux détails sur les efforts tentés par l'intendant de Vic de Sarreds, Henri de la Martonnie, évêque de Limoges, et plusieurs gentilshommes du pays, pour épargner au Limousin les horreurs de la guerre civile.

La plupart de nos anciens livres de raison offrent ce mélange de notes domestiques et de mentions d'évènements se rapportant à l'histoire locale ou à l'histoire générale. Presque tous renferment de nombreux passages concernant les épidémies, l'abondance des récoltes, les disettes, donnent le prix des grains, décrivent les météores, les pluies, les inondations, les hivers rigoureux, les sècheresses exceptionnelles... L'extrème variété de ces indications et la sincérité de notes uniquement écrites pour le rédacteur et les siens, donnent aux témoignages des manuscrits domestiques un prix exceptionnel. On sait quels féconds résultats a déjà produits l'étude de cette catégorie de documents. Leur importance, signalée et mise en lumière par un homme d'autant de cœur que de talent, M. Charles de Ribbe, se révèle de jour en jour plus importante et plus évidente. Tout le monde les considère à présent comme l'une des sources d'information les plus précieuses et les plus sûres auxquelles puissent s'adresser les érudits, et c'est d'eux qu'on attend des lumières déplus obscures : sur la vie intime de l'atelier, par exemple, et sur le pouvoir d'acquisition de l'argent aux diverses époques.

On savait, nous l'avons dit plus haut, que des livres de raison avaient été tenus dans la famille Baluze ; mais on ignorait ce qu'ils étaient devenus, et il y avait tout lieu de croire qu'on ne les retrouverait jamais. C'est aux infatigables recherches de M. Champeval que nous devons la découverte, toute récente, et la communication de celui dont nous publions le texte. Ce manuscrit, trouvé, comme tant d'autres registres domestiques, dans la poussière d'un grenier, est l'œuvre de trois génération : bisaïeul, l'aïeul et le père de l'illustre savant ont successivement noté sur ces pages les évènements du foyer et ceux qui se sont produits dans leur ville natale. Notre livre n'est donc pas seulement un mémorial pour l'histoire de la famille, un recueil de témoignages précieux pour l'établissement de sa généalogie : il renferme une véritable chronique où se trouvent relatés, parfois avec des détails qui doublent le prix de la mention, tous les évènements de quelque importance survenus à Tulle durant un laps de temps assez long — environ soixante-quinze ans. — Commencé en effet en 1566, comme on le verra plus loin, le registre ne s'arrête qu'en 1641. Si nous ajoutons qu'aucun écrivain tulliste n'a laissé de chronique suivie pour la période embrassée par notre livre de raison, le lecteur se rendra compte de l'intérêt tout particulier que présente le manuscrit des Baluze.

Ce volume est un petit registre de soixante-un feuillets, papier, de 200 millimètres de hauteur sur 151 de largeur. On constate que plusieurs pages ont été coupées ou arrachées, après le feuillet 2 notamment et après le feuillet 7 : cette dernière lacune paraît assez importante. La couverture est formée d'un carton renforcé d'un parchemin, lequel porte divers fragments du xiiie siècle, entr'autres une lettre écrite par le souverain Pontife ou un archevêque à un évêque, peut-être à l'évêque de Cahors, au sujet, semble-t-il, de difficultés existant entre lui et un monastère de son diocèse.

Bien que les premiers feuillets soient pour la plupart couverts d'écriture comme les autres, c'est au fol. 10 recto du manuscrit dans son état actuel et à la date du 27 juillet 1566 que commence le livre de raison de Jean Baluze, procureur au siège de Tulle, fils d'Etienne et de Françoise de Jaucen, époux de Gabrielle de Prés. C'est par la mention de la naissance d'Etienne, son premier enfant, que débute le registre domestique.

Jean Baluze n'est ni une âme vulgaire, ni une physionomie banale : on reconnaît en lui une de ces belles figures, simples et héroïques, énergiques et sereines à la fois, qui surgissent, pour l'honneur et la consolation de l'humanité, au milieu des angoisses et des horreurs des discordes civiles. Le premier rédacteur de notre registre a sa place marquée dans l'histoire municipale de Tulle, comme Othon Benoist, Etienne Pinchaud, le président Martin ont la leur dans les annales de l'Hôtel de Ville de Limoges. Quand les troupes du vicomte de Turenne, commandées par La Maurie, Carbonnières et autres, se montrèrent au pied des murailles, tout le monde fit d'abord son devoir et les bourgeois secondèrent avec un véritable courage la petite garnison chargée de conserver la ville au roi ; mais quand l'impossibilité de tenir fut reconnue, la plupart des magistrats quittèrent Tulle et se réfugièrent soit à Gimel, soit au château de Puy-de-Val. Quelques-uns n'obéissaient qu'à la peur ; d'autres étaient mus par des sentiments plus élevés. Il s'agissait pour eux de ne pas laisser tomber entre les mains de La Maurie les registres des tailles et d'autres documents relatifs à la levée des impôts, et de ne pas servir d'instruments à la tyrannie de ce soudart. Jean Baluze, qui n'appartenait pas, à ce moment, au corps consulaire, mais qui faisait probablement partie d'un conseil de notables et qui, dans tous les cas, jouissait d'un grand crédit sur l'esprit de la population, demeura au poste que lui assignait son dévouement au bien public. La ville prise, il s'efforça d'adoucir le sort de ses concitoyens et d'empêcher des désordres qui eussent mis le comble aux malheurs de sa patrie. Il supporta seul, durant plusieurs mois, le fardeau et la responsabilité de l'administration. « Pendant la période de la défense, il avait soutenu les habitants de ses conseils, de son énergie, du feu de sa verte vieillesse ; après la soumission de la ville, il les releva par sa fermeté et les consola par la dignité de sa propre infortune. » (1).

Cette fidélité à ses devoirs, on la retrouve dans le fils du consul, Etienne, avocat d'abord, puis enquêteur et commissaire examinateur au siège de Tulle. En 1631, la peste sévit avec une intensité dont le moyen âge lui-même n'avait fourni que peu d'exemples. La plupart des magistrats, affolés, oublient les obligations les plus sacrées de leur charge et s'enfuient. Etienne demeure seul au milieu de l'épidémie comme son père était resté seul en face de l'ennemi menaçant. Il s'efforce d'assurer le service régulier de la justice dans ce lamentable désarroi. Pendant près d'un mois, il siège comme juge dans le palais presque désert et exerce en ou-

---

(1) *Récits de l'Histoire du Limousin*, publiés par la Société archéologique et historique de Limoges. Limoges, Marc Barbou et Cie, 1885, in-8. Chap. XXII. *La prise de Tulle et sa délivrance*, par Emile Fage, p. 283.

tre les fonctions de procureur du roi. Enfin, aban-
donné, épuisé, à bout de forces, il se décide à
quitter la ville à son tour et à aller retrouver sa
famille à Chaunac.

On a vu plus haut que le livre de raison proprement dit, la série par ordre chronologique — à peu
près, — des faits enregistrés par le chef de famille,
ne commence qu'au dixième feuillet. Les dix-huit
premières pages offrent une assez grande quantité
de notes, de comptes et de mémentos dans un dé-
sordre complet. En tête de cette partie du manuscrit, et au recto du premier feuillet, on trouve les
lignes suivantes, de l'écriture d'Etienne :

✝

Jesus Maria.
Au nom de Dieu, Amen.
—

Bene morienti, bene merenti, bene mœrens.
Posuit M. S. B. q. t.

BALUZE, enq[teur].

Nous ignorons si, dans l'inscription latine que
nous venons de reproduire et qui est visiblement
destinée à un monument funéraire, Etienne Baluze avait en vue son père ou sa femme, Marguerite de Tramond, morte en effet longtemps
avant lui. Cette dernière hypothèse est la plus
probable; car le petit rébus qui accompagne les
agréables *concetti* de cette inscription : *morienti,
merenti, mœrens*, nous semble ne pouvoir être
mieux traduit que par les mots *Maritus, Ste-
phanus Baluzius, questor tutelensis.*

Cette portion du manuscrit est presque tout
entière écrite de la main d'Etienne; ce qu'elle
renferme aura été sans doute ajouté successivement, et parallèlement aux mentions du registre
domestique qui avait été commencé un peu plus

loin. Nous ne reconnaissons qu'aux premiers feuillets l'écriture large et droite de Jean : à des notes de 1571 et de 1577 et à un passage relatif au mariage d'Elise Baluze, célébré en 1550. — Au livre de raison lui-même, les dernières lignes qui soient de la main de Jean ont trait au siège du château de   nil, 6 juillet 1590. Le premier rédacteur de notre registre mourut l'année suivante.

A ce propos, disons que les énonciations de notre livre de raison permettent de rectifier u..e erreur commise par Baluze lui-même touchant l'âge de son bisaïeul. Parlant des mauvais traitements subis par ce courageux citoyen pendant que La Maurie gouvernait Tulle en forteresse prise d'assaut et non en ville qui avait ouvert ses portes après un échange de pourparlers, d'engagements réciproques et une capitulation en règle, il rappelle que Jean fut jeté en prison et qu'au plus fort de l'hiver, en plein mois de décembre, le futur consul demeura cinq jours entiers dans le fond d'un cachot souterrain, ayant pour lit la terre humide et recevant des aliments grossiers et insuffisants. Etienne Baluze ajoute que son bisaïeul était alors un vieillard de quatre-vingt-quatorze ans (1) : ce qui aggravait singulièrement la barbarie de ces procédés.

—— ———   ————   . . . . ——

(1) *Silere tamen non possum neque debeo crudelitatem ab eo exercitam in pronoum meum, senem nonaginta et quatuor annorum, quem Lamaurius, die martis quinta mensis decembris, conjecit in teterrimum et dirissimum carcerem, ibique eum tenuit per quinque dies integros, humi cubantem in imo carcere, parcissimis cibis subministratis, absque igno quo tempestate frigidissima corpus hominis senio fracti calefieri posset (Historiæ Tutelensis libri tres, p 284).*

Il va sans dire que la plupart des historiens qui ont parlé du siège de Tulle et de la courageuse conduite de Jean Baluze ont pieusement reproduit cette indication.

Comment Baluze a-t-il pu, en un sujet qui le touchait de bien près, se tromper d'une façon aussi évidente? — Marié, — pour la première fois, semble-t-il, — vers 1564 ou 1565, Jean avait vu, de 1566 à 1584, huit enfants au moins naître à son foyer. Est-il admissible que, vers la fin de son troisième quart de siècle seulement, il eût songé à fonder une famille, et que, dans ces conditions, les naissances se fussent succédées chez lui avec cette persévérante régularité? Son dernier enfant vient au monde en 1584 : avoir à quatre-vingt-treize ans son septième enfant, quand on a vu naître le premier vers la soixante-quinzième année, serait vraiment par trop extraordinaire...

Mais voilà qui serait plus surprenant encore. — Le père de ce prétendu nonagénaire était plein de vie au moment où l'*Histoire de Tulle* nous représente son fils accablé de vieillesse et glacé par le froid de l'âge plus encore que par la rigueur de l'hiver; Etienne Baluze, trisaïeul du savant, ne mourut en effet qu'à la fin de l'année suivante, comme il résulte d'une note consignée par Jean lui-même sur son livre de raison (1). Quel âge pouvait bien avoir à cette époque ce père d'un fils de quatre-vingt quatorze ans, ce patriarche beaucoup plus que centenaire, que la paralysie prit peu de jours seulement avant sa mort?...

Il est à présumer que Baluze aura attribué à son bisaïeul l'âge qu'avait à ce moment le père de ce dernier. L'erreur n'a du reste pas grande importance; mais il ne nous a pas paru sans intérêt de la relever.

---

(1) Le XXII decembre 1580, Me Estienne Baluze, mon pere, decéda de ce monde, etc. (fol. 16, r°).

Nous en avons une autre à signaler au compte de l'illustre savant, celle-ci plus grave et le touchant de plus près encore. Il s'agit de la date exacte de sa naissance :

« Je suis né, dit-il quelque part, le *24 décembre 1630*, » (1) — et ailleurs il indique le 23 novembre de la même année (2). Il va sans dire que ses biographes ont reproduit l'une ou l'autre de ces dates : la première de préférence. C'est ainsi que les Biographies générales, celles de Michaud et d'Hœfer, notamment, font naître Baluze le 24 décembre 1630. Cette indication est répétée par MM. Arbellot et Aug. Du Boys, dans la *Biographie des Hommes célèbres du Limousin*; par M. Martial Audoin, dans la notice qui accompagne le portrait de Baluze à la *Galerie des portraits des personnages célèbres du Limousin* publiée par Albert; par M. Ernest Rupin, dans un article inséré au tome II du Bulletin de la Société scientifique et historique de Brive; par M. Deloche, dans les pages qu'il a consacrées à venger la mémoire du grand savant et qui ont paru en 1856 au *Bulletin de la Société archéologique et historique de Limoges* et dans l'*Union corrézienne*; par les auteurs de plusieurs ouvrages publiés en Italie et en Allemagne, etc., etc.

Vitrac, dans son *Éloge de Baluze*, a adopté la version du *Mercure* et fait naître le célèbre érudit le 23 novembre 1630.

Quelques écrivains, nous ne savons sur quels documents, ont mis en avant d'autres dates : c'est ainsi que, dans la biographie lue par

---

(1) *Idée de la vie, des mœurs et des écrits du célèbre Baluze* (dans l'Histoire des Capitulaires publiée par de Chiniac. Paris, Benoît Morin, 1779).

(2) *Nouveau Mercure*, juillet 1710, cité au *Précis généalogique* pour Pierre-Clément de Baluze.

M. Pierre Celor à l'assemblée générale de l'Association corrézienne, le 26 avril 1885, il est dit que Baluze naquit le 13 novembre 1630. Enfin, le Père Nicéron, dans ses *Mémoires de la République des Lettres*, t. II, p. 189, fait naître le savant Tulliste en 1631.

Seul jusqu'ici, M. de Baluze du Mayne, dans la *Notice sur la ville de Tulle* insérée en 1826 à l'Annuaire Drappeau, avait donné la date du 24 novembre 1630. Nous ne sachions pas que personne ait relevé la différence qu'offrait cette indication avec celles qui avaient été adoptées jusqu'ici.

Or, il se trouve que la date assignée, sans doute d'après le témoignage de papiers de famille (1), à la naissance d'Etienne Baluze par l'auteur de la *Notice* sur Tulle, est précisément celle fournie par le livre de raison. On y lit en effet, fol. 41 recto :

« Le dimanche, xxiiiⁱᵉ novembre 1630, entre troys et quatre heures du matin, nasquit Estienne Baluze, premier filz de Mʳᵉ Jean-Charles », etc.

Le passage est catégorique : le grand-père du futur savant, qui a écrit la mention de cette naissance, ne se borne pas à énoncer le quantième du mois; il indique le jour de la semaine. L'indication est aussi exacte que précise : le 24 novembre 1630 était bien un dimanche, comme on peut le constater aux tables de l'*Art de vérifier les Dates.*

L'acte de baptême d'Etienne Baluze n'existe pas aux archives communales de Tulle, où M. Emile Fage a pris la peine de le recher-

---

(1) Nous verrons plus loin que M. de Baluze du Mayne a connu notre livre de raison.

cher pour nous : Le registre baptistaire de la paroisse de Saint-Julien pour l'année 1630 a disparu. A défaut de ce document, nous devons considérer le renseignement fourni par notre manuscrit comme le seul authentique, et nous engageons les biographes du savant Tulliste à reporter dorénavant la date de sa naissance au 24 novembre.

Pour en revenir à Jean Baluze, on peut dire qu'il n'a pas porté bonheur aux écrivains qui se sont occupés de lui : l'auteur du *Précis généalogique* le dit fils d'un premier lit d'Etienne : or, il est établi par une mention explicite de notre registre, que sa mère était Françoise de Jaucen (1), c'est-à-dire la seconde femme, précisément, de son père. — M. Emile Fage lui-même, dans sa notice sur le siège de Tulle, fait de Jean le grand-oncle seulement du savant Baluze.

On trouvera ci-après un tableau généalogique de la famille Baluze, dressé presque en entier à l'aide des indications de son livre de raison.

Le second rédacteur de notre manuscrit, Etienne, du vivant même de son père, a inscrit au papier domestique un certain nombre d'articles. Il continue le livre après la mort de Jean. Du 6 juillet 1590, date de la dernière mention où l'on reconnaisse la main de son père, jusqu'à l'article concernant la naissance de sa petite-fille Françoise, qui est venue au monde le 28 juin 1639, c'est-à-dire pendant un demi-siècle, il tient seul le registre de famille. Son écriture nette et bien formée est caractéristique. Il meurt vraisembla-

---

(1) « ... et sa meryne Francoise de Joucen, ma mere... » (fol. 10 v°).

blement vers 1640 et dans un âge assez avancé, puisqu'il est né en 1566.

Quant à Jean-Charles, père de l'illustre savant et dont ce dernier a fait un si bel éloge (1), nous relevons à peine au livre de raison dix lignes qui lui appartiennent : la mention de la naissance de Martin, son septième enfant, 14 août 1641, et un article ajouté au compte de la tante Pabot, établi par Etienne. — Jolie écriture, d'un style beaucoup plus moderne que celle de son père et de son grand-père : plus régulière, plus élégante, plus contenue et plus courante à la fois.

La chronique tulloise que renferme notre manuscrit est assez variée. On y trouve des récits et des mentions que tout historien de Tulle devra recueillir; des détails par exemple sur l'affaire de Sainte-Fortunade et de Souries (18 juin 1577); sur les courses des Huguenots dans le pays; sur la tentative faite par eux, le 6 septembre 1585, pour surprendre Tulle et sur les combats du 6 et du 7; sur l'attaque du 31 octobre suivant et sur la prise de la ville; sur la prise de Sadroc et de Vigeois, juin 1590; la reddition de Cornil, 6 juillet suivant; le siège de Gimel, août-décembre 1594; la recouvrance de cette place et la prise de Brive par les ligueurs, 16 novembre 1596; la réception du baron de Salagnac, lieutenant pour le roi au gouvernement du Limousin, 26 juillet 1596; — des notes relatives à la bénédiction de la chapelle provisoire des Feuillants, 23 octobre 1616; à la

---

(1) *Pater meus, adhuc adolescens, adeptus erat famam quam conservavit per totum vitæ suæ cursum. Erat enim natura eloquens, bonarum litterarum studiosus, tunc juris valdo peritus;* et ailleurs : *Habitabam... in ædibus clarissimi viri, de quo plura dicerem, nisi pater meus esset* (Vie de Marca, p. 58).

consécration de celle des religieuses de Sainte-Claire, 1ᵉʳ octobre 1617 ; à l'arrivée à Tulle (8 septembre 1618) des Ursulines, qui établirent sans doute dans cette ville, comme à Limoges, les premières écoles pour les petites filles du peuple ; à la pose de la première pierre de la chapelle définitive des Feuillants, 3 mai 1620 ; un passage relatif à la plantation de la croix des Jésuites et à la procession qui précéda cette cérémonie, 19 septembre 1621 ; un autre concernant la pose de la première pierre du collège, 27 septembre 1621 (1) ; la mention des fêtes par lesquelles les Pères de la compagnie de Jésus célébrèrent la canonisation de saint Ignace et de saint François Xavier, 29 juillet 1622 ; de la célébration de la première messe dans la nouvelle église des Bernardines de Coyroux, installées à Tulle, 25 mars 1625 ; des processions faites en juillet 1626 pour obtenir la cessation des pluies ; des renseignements sur la grande peste de 1631 ; le récit du terrible accident survenu au collège le 24 février 1634, au cours d'une représentation théâtrale, et dans lequel plus de deux cents personnes furent blessées ; celui de l'installation du présidial de Tulle par l'intendant de Fremin, 26 février 1639 ; celui de la procession du 14 avril de la même année, faite à l'occasion de la sécheresse persistante.

D'autres épisodes méritent d'être signalés : la mésaventure arrivée, le 29 novembre 1609, au lieutenant général Pierre de Fénis ; l'entrée galante faite à la présidente de Meynard, le 8 mai 1610. Les scènes burlesques ne manquent pas. On peut citer le scandale qui se produit aux Recollets

---

(1) La première pierre des classes fut posée deux ans plus tard, 1ᵉʳ mai 1623, par le maréchal de Schomberg, comme nous l'apprend notre manuscrit. L'installation définitive des Jésuites ne fut achevée que quelques années plus tard.

le 26 mars 1618, et la dispute de préséance, avec voies de fait, qui s'élève entre « Mademoiselle la lieutenante générale » et la trésorière générale de Jaucen, aux obsèques de la femme d'un procureur, 22 juillet 1624.

Quant aux perturbations atmosphériques, aux météores, aux inondations, à ce qu'on pourrait appeler la chronique de la nature, les auteurs de notre manuscrit notent tout ce qui s'y rapporte avec une très grande exactitude. Ils consignent le souvenir des orages des 2 novembre 1603, 5 juin 1622, 10 juin 1626, 22 juillet 1627, 11 mai 1634, 1er juin et 1er août 1636, 15 mai et 2 septembre 1637 ; des gelées des 27 septembre 1601, 18 avril 1609, 15 avril et 17 octobre 1638 ; des débordements de la Corrèze et de la Solane des 30 juin et 20 août 1570, 23 février 1576, 8 juin 1612, 16 juillet 1613, 13 mars 1615, 24 juin 1619, juillet 1626, 1er août 1636 ; ils signalent divers phénomènes aux dates des 27 septembre 1575, novembre 1577, 11 janvier 1578, 6 septembre 1603, commencement de novembre 1618, 12 octobre 1605, 12 septembre 1621, 23 juin 1636 ; ils mentionnent encore les pluies extraordinaires de 1626, l'abondance des vins en 1615 ; les disettes de 1572, 1573, 1580. Ajoutons y les épidémies régnantes : « Grande fièvre » en 1573, petite vérole en 1597, peste en 1631.

Le père de famille se livre à des constatations d'un autre ordre : il note avec soin, à la naissance de chacun de ses enfants, le jour ou le quartier de la lune. On trouve même, en deux ou trois endroits de notre manuscrit, de véritables horoscopes :

« Le sabmedy, vingt septiesme jr du moys de julhet, l'an mil cinq cens soixante-six, envyron l'heure de troys heures apres mydy dud. jour, par

la grace de Dieu nasquit mon premier enfant...
Estienne Baluze...

» Suyvant ce dessus, led. Estienne nasquit
soubz le planete de Venus, et participe des qualites a'icelle et du suivant, qui est Saturne. Ces *(sic)*
qualites donques seront principalement qu'il sera
ayme d'ung chascun, tres fin (?) des yeux, bon en
Jesu Christ et regulier. Il en a d'autres, mais non
pas si dominantes : hardy, courtois, et non avaricieux (1). »

. Il n'est pas inutile d'ajouter que cet horoscope
est de la main d'Etienne lui-même et par suite très
postérieur à la mention de sa naissance, laquelle
a été écrite par son père. Il ne faut voir là, sans
doute, qu'un jeu. Toutefois, au verso du feuillet
précédent, Etienne a pris soin d'inscrire le nom des
planètes avec les signes cabalistiques dont on usait
au moyen âge pour les désigner.

Les trois ou quatre passages qui concernent
le collège de Tulle sont précieux : ils permettent
d'établir la date à laquelle les Jésuites se sont
effectivement installés dans cette ville et de la
fixer à l'année 1621 et non à l'année 1627, comme
on l'a souvent indiqué (2). Ces mentions confir-
ment de plus, de la façon la plus précise, ce que
nous savions déjà du rapide succès des collèges
dirigés par la Compagnie et de l'affluence des
écoliers. Dès le mois de juin 1622, c'est-à-dire
moins d'un an après l'ouverture des classes,
aux fêtes de la canonisation de saint Ignace et
de saint François Xavier, Etienne Baluze ne

---

(1) Fol. 10, recto.
(2) M. Alfred Leroux a reproduit cette erreur dans la remar-
quable préface de l'inventaire sommaire du fonds du Collège de
Limoges aux archives départementales de la Haute-Vienne.

compte pas moins de cinq cents élèves « habilles
» superbement de diverses sortes, portant chacun
» une chandelle de cire du poix d'une livre, avec
» une inscription attachee a icelle pourtant le
» nom d'un college desdits peres jesuistes, de
» toute nation et province, soit d'Italie, Alle-
» magne, des Indes, d'Espagne, de France et
» d'autres. » Aux solennités célébrées à Limoges à la même occasion, on vit défiler un
millier d'écoliers (1) et l'établissement en eut
jusqu'à quinze cents en 1685, époque de sa plus
grande prospérité (2). Nous n'avons pas besoin
d'ajouter qu'il s'agit ici d'élèves externes. L'in-
ternat est d'invention moderne, pour les garçons
du moins, et surtout de pratique universitaire.

Les enfants étaient placés en ville, dans des
auberges ou chez d'honnêtes artisans. Le livre
de raison du notaire Doumailh, de Gros-Chastang, nous fournit à cet égard d'assez curieuses
indications (3). Quand les jeunes gens sont un
peu grands, ils cherchent à entrer en qualité de
précepteurs ou de répétiteurs dans une famille
bourgeoise ; ils y sont du reste considérés comme
de simples pensionnaires ; mais, en échange des
soins qu'ils donnent aux enfants, ils obtiennent
une réduction sur le prix de la pension : ce qui
leur permet de continuer plus économiquement
leurs études et aussi de vivre mieux. Nous
trouvons à cet égard dans le livre de raison des
Baluze, des indications analogues à celles que nous
avons relevées dans plusieurs autres registres

---

(1) Bonaventure de Saint-Amable : *Histoire de saint Martial*, t. III.
Annales, p. 803.

(2) Alf. Leroux : Inventaire du fonds du Collège aux Archives de
la Haute-Vienne. Préface, p. XVI.

(3) Voir notre article : *Les Collégiens d'autrefois,* dans la livrai-
son de la *Réforme sociale* du 5 octobre 1886.

domestiques, dans ceux des Péconnet, de Limoges, par exemple. Etienne nous apprend que le 29 juillet 1612, entra chez lui Jacques Lafon, « fils à Bras de fer, » de Meymac, pour servir de précepteur au jeune Jean-Charles, alors âgé de quatre ans, et que le prix de la pension du jeune homme fut fixé à dix écus. Quatre ans plus tard, c'est François du Claux de Boysse qui remplace Lafon ; l'élève est plus avancé : aussi la somme payée par le précepteur pour son logement et sa nourriture est-elle moindre, vingt livres — plus un écu *d'épingles* pour les femmes de la maison. Le chiffre de cette pension n'est pas très différent de celui de la pension que payaient alors les apprentis, dont le travail devait aussi entrer en compte.

Nous n'insisterons pas davantage sur l'intérêt que peut offrir, à divers points de vue, le contenu du manuscrit des Baluze. Nous publions ce manuscrit en entier, sans aucun rajeunissement d'orthographe ni de langue. Un seul des articles qu'il renferme nous avait paru pouvoir être abrégé : le relevé des rentes dues sur Champ-la-Garde, dressé par Etienne en 1596, et nous nous étions borné d'abord à en copier quelques extraits. Réflexion faite, il nous a semblé préférable de ne rien supprimer et de laisser au manuscrit, avec ses longueurs et ses inutilités, son exacte physionomie.

Nous nous sommes permis seulement de changer l'ordre des articles et notes qui composent ce registre. Non-seulement la suite des faits a été souvent intervertie au manuscrit ; mais celui-ci, nous l'avons dit, est constitué par deux séries distinctes de mentions, continuées parallèlement. De plus, il a été, comme la plupart des livres de ce genre, commencé par les deux bouts : en l'ouvrant à rebours, on y trouve divers *mémentos*, entr'autres le compte de « la tante Pabot » et la liste des redevances de Champ-la-Garde. Le pêle-mêle qui résulte de la façon dont notre registre a été tenu, nuit singulièrement à l'attrait de sa lecture. Nous avons donc cru devoir classer toutes les mentions qu'il renferme suivant l'ordre chronologique indiqué par les énonciations mêmes du manuscrit : nous pensons avoir ajouté, en adoptant cette disposition, à la clarté du document et à son intérêt.

Nous ne croyons pas que le livre domestique des Baluze ait jamais été mentionné par aucun écrivain du pays ; mais d'autres, avant nous, l'ont consulté et ont mis à profit quelques-uns de ses passages les plus intéressants. On ne peut douter, par exemple, que M. de Baluze du Mayne, auteur de la *Notice sur la ville de Tulle* insérée à l'*Annuaire de la Corrèze* de 1826 (1), n'ait connu ce manuscrit et ne s'en soit servi pour la rédaction de cette notice. On retrouve dans celle-ci plusieurs phrases à peu près textuelles du livre de raison. C'est évidemment avec ce registre sous les yeux que l'auteur fait le récit de l'échauffourée de la porte de la Barrière, 18 juin 1577, du combat de Sainte-Fortunade et de l'épisode de Souries. C'est là qu'il prend les notes relatives à la réception du baron de Salagnac, au siège de Gimel et à la reprise de cette place et de la ville de Brive par les ligueurs. Peut-être, en 1826, le manuscrit était-il moins incomplet qu'il l'est aujourd'hui, et sur les feuillets qui manquent à présent pouvait-on relever quelques mentions intéressantes pour l'histoire de Tulle durant les

---

(1) *Annuaire du département de la Corrèze pour l'an 1826.* — Se vend à Tulle, à la librairie de Drappeau frères, place Saint-Julien, p. 210 et suivantes.

dernières années de la Ligue. Nous ne serions
nullement surpris que la plupart des notes se
rapportant à cette période et figurant à la notice
de l'*Annuaire*, eussent été empruntées par M. de
Baluze du Mayne au livre de raison de sa famille. C'était son droit : rien ne lui appartenait
à plus juste titre que ces pages intimes où les
siens avaient, avec les annales de leur propre
foyer, écrit l'histoire de leur ville natale.

Jesus *Maria* (1).
Au nom de Dieu, amen !

— Le sabmedy, vingt septiesme jr du moys de julhet, l'an mil cinq cens soixante six, envyron l'heure de troys heures apres mydy dud. jour, par la grace de Dieu nasquit mon premier enfont, et de Guabrielle des Pres, ma femme : Estienne Baluze. Et fust son perrin Mᵒ Estienne Baluze, mon pere, et sa merryne Jehanne du Costar, ma belle mere et mere de ma femme ; auquel Mᵒ Anthoine Laval, viccaire de l'esglize Saint-Julien (2) de Tulle, administra le saint sacrement de batesme lendemain, vingt huictlesme dud. moys, et moy estant a Bourdeaux sur la poursuyte du proces de ma mere contre Ramond Baluze, son nepveu, et fils a Estienne l'aisne, librere (3). — BALUZE (4).

Suyvant ce dessus, led. Estienne nasquit soubz le planete de Venus, et participe des qualites d'icelle et du suyvant qui est

---

(1) C'est bien là le commencement du livre de raison de Jean Baluze et du manuscrit que nous publions. Celui-ci ne contient du reste qu'un passage se référant à une date antérieure à 1566. C'est celui-ci, qu'on trouve au verso du premier feuillet :

« L'an mil vᵉ cinqᵘ, ma seur Hella fust maryee avec Mᵉ Jehan Brunyrie (sic) et moyenent la constitution, elle quieta a mon pere. Instrument receu par Mᵉ Jehan Peuchaubert, notere de Tulle. »

Presque tous les contrats de marlage contenaient la renonciation complète et sans réserve de l'enfant doté, fille ou garçon.

(2) Eglise dédiée à saint Julien de Brioude et fort ancienne. Le testament d'Adémar, vicomte des Echelles, la mentionne déjà vers l'an 930, et elle figure parmi les églises léguées ou restituées par ce seigneur à l'abbaye de Saint-Martin de Tulle. Elle avait été bâtie tout auprès du monastère : *Juxta monasterium constructam*.

(3) On trouvera, sous la date de 1596, une autre mention de ce Baluze, libraire.

(4) En marge, Etienne a ajouté une note rappelant la date de la naissance de sa

Saturne. Ces qualites donques seront principalement qu'il sera ayme d'un chascun, tres fin (?) des yeux, bon en Jesu Christ et regulier; il en a d'autres, mais non pas si dominantes : hardy, courtois et non avaricieux (1).

— Le mardy, vingtiesme janvier, l'an mil cinq cens soixante huict, jour saint Sebastien, entre sept et huict heures du soir, nasquit Francoize, mon seguond fruict et ma premiere filhe. Et fust son perin Jehan des Pres l'aisne, s' de la Bernardie (2), mon beau frere, et sa meryne, Francoize de Joucen (3), ma mere ; a laquelle led. M° Anthoine Laval administra le S¹. Sacrement de baptesme le jeusdy apres, vingt deuxiesme dud. moys. — BALUZE.

— Le mecredy, premier jour de mars mil v° soixante dix, envyron l'heure de neuf heures de soir, la lune estant au dernier quartier, nasquit Jehan, mon seguond enfent masle; duquel fust perin M° Jehan Baluze, prebtre, mon frere, et sa merryne Marguerite de Cueilhe, veufve de feu Guilhaume Costar, mere de la mere de ma feme. Et fust baptize a Saint-Julien, par M° Anthoine Laval, vincaire de lad. esglize, lendemain, seguond jour dud. moys. — BALUZE.

— Le jour saint Marcial, dernier de julhet (4) mil v° soixante dix, entre six et sept heure du soir, n'aient faict que bien peu de pluye, l'eau de Solane (5) de Tulle fust tellement innondee qu'elle touchoit les pontz des Mazeaux (6) et le pont Chauziny (7), rompant les baumys (ecluses) et apportent grosses pierres, trefs (8) et arbres.

---

(1) Nous avons dit que cette note est de la main d'Etienne lui-même et qu'au verso du feuillet precedent se trouvent dessines les signes conventionnels qui servaient au moyen âge à désigner les planetes.

(2) Aujourd'hui commune de Saint-Augustin, canton de Corrèze, arrondissement de Tulle (Corrèze).

(3) Jaucen ou Jaucem. Nous avons déjà signalé sur ce point une erreur du *Précis généalogique*, lequel fait de Jean Baluze, époux de Gabrielle des Près, un fils du premier lit d'Etienne: on voit ici qu'il est né d'Etienne et de Françoise Jaucen, par suite du second lit.

(4) Erreur évidente. Il faut lire : dernier jour de juin.

(5) Rivière qui se jette à Tulle dans la Corrèze.

(6) Le pont des Mazeaux, autrefois existant sur la Solane.

(7) Le pont Choisinet, sur la Corrèze.

8) Poutres, de *trabes*.

— Le mecredy, vingtiesme jour d'aoust, envyron les sept a huict heures, lad. eaue innonda de telle furie qu'elle emporta entierement led. pont des Mazeaulx, troys botiques estant pres d'iceluy, apartenens au s' de Seilhac, passa devent la porte de La Chassainhe (1) de la haucteur de demy homme, de sorte que, de toutes les botiques du barry de Trech (2), n'aparoissoit ung pie d'home; emporta aussi les murailhes de l'Aubarede (3), laquelle estoit tout couverte d'eau de la haucteur d'ung homme et plus — quelle perdition !

— Le septiesme de janvier, l'an mil v^e soixante unze, Jehan Manf (?), dict Troncher de Crossac, du villaige de Crossac, par. d'Orlhac (4), me vendist le pre de Moly, conten. deux jornaulx (5), le boys grand, contenent vingt cesterees; aultre pre appalle *Le Pre grand*, conten. j jornal; aultre pre appalle *de la Fon*, conten. ung jornal; plus la terre appallee des Mas, contenent deux cesterees (6), assiz aux apartenences du village de Crossac, par. d'Orlhac, — pour le prix de troys cens dix livres t'. Instrument receu par M° Beral, notere royal de Tulle.

— En l'an mil v^e soixante douze, despuys la my may, fust telle cherte de bled qu'il se vendist en la present ville de Tulle troys livres dix solz (7): ce que voient, les Maire et consultz (8)

---

(1) Il s'agit de la porte d'un particulier et non d'une des portes de la ville.

(2) Faubourg du Trech, aujourd'hui quartier de Tulle, sur la rive droite de la Solane, à son entrée dans la ville.

(3) Place sur la rive droite de la Solane, en face du réfectoire de l'abbaye : aujourd'hui place Municipale.

(4) Orlhac-de-Bar, aujourd'hui commune du canton de Corrèze.

(5) A Tulle et aux environs, le journal *de pré* représentait une contenance d'une sétérée et demie : 34 ares 732; le journal *de vigne* équivalait à un quart du journal de pré : 6 ares 182.

(6) La sétérée de Tulle équivalait à 16 ares 488; celle d'Eymoutiers à 18 ares 74; celle de Limoges à 23 ares 74; celle de Saint-Junien à 34 ares 19; celle de Bellac et du Dorat à 61 ares 07.

(7) Au moins *trente-cinq* francs d'aujourd'hui, prix extrêmement élevé, si on considère que le setier de seigle valait, année moyenne, 15 ou 16 sous, équivalent à 2 fr. 40 au pouvoir de 6 à 6 fr. 50 d'aujourd'hui, et le setier de froment 20 sous ou 3 fr. 20, au pouvoir de 9 à 10 fr. — Le xvie siècle vit rarement les grains atteindre des prix plus exagérés. Seize ans plus tard, en Haut-Limousin et en Marche, le setier se vendit jusqu'à 8 livres, c'est-à-dire quelque chose comme 68 à 70 fr. Il s'agit, il est vrai, de mesures plus fortes que celle de Tulle. Le setier de Tulle ne valait, en effet, que 40 litres; celui de Limoges 51 l. 8; celui de Bellac 109 l. 4. Il ne faut pas perdre de vue ces différences dans les évaluations. Au même prix, le setier de Tulle est, par le fait, une fois et demi plus cher que le setier de Bellac, représentant seulement les deux cinquièmes de la contenance de ce dernier.

(8) La constitution du corps municipal de Tulle ou plutôt sa reconnaissance ne

4

de Tulle furent visiter les grenhiers des habitans de la ville ; leur inhibarent de le plus vendre que III ᵘ X s. : ce que causa plus grande cherte ; car ne se pouvoit trouver bled a vendre, actendent plus grand valeur. Et monta le cestier jusques a quatre livres seize solz au merche, et en particulier, au secrect, cent solz, avec mille deprecations a ceulx qui en avoyent d'en bailher pour de l'argent. Et fust si bien pourveu aux pouvres par lesd. mere et consulz, faisant aumosne particuliere, a l'hospital de la present ville, qu'il n'a este sceu qu'au loing pouvre soit mort de fain. Dont je rendz graces a Dieu ! —En ce temps la, y avoit grand abondance de pouvres dessendens de la montanihe en grandz pouvretez et miseres. Dieu y a pourveu, tellement que le premier merche apres la Saint-Jehan Baptiste de lad. annee, Dieu, manifestant sa grace par sa misericorde, en plain merche, le bled se vendist seullement trente solz, apres XXVII s., et le tiers merche, en y eust de vingt deux solz — dont je rendz graces a Dieu !

— Le vendredy, douziesme jour de julhet l'an mil vᶜ soixante douze, une heure apres mynuyct, nasquit Anthoine, mon filz et quatriesme enfent et de Guabrielle des Pres, ma femme, la lune estant au premier quartier, au signe de (1). Lequel fust baptize en l'esglize Saint-Julien de Tulle, le dimenche apres, treszlesmo dud. moys, par Mᵉ Michel Pradines, prebtre et vicaire de lad. esglize ; duquel fust perin Mᵉ Anthoine Baluze, procureur au siege de Tulle, mon frere, et [marrine] Francoise de Piconal, de Donzenac (2), femme a sire Jehan des Pres, sᵉ de la Bernardye, de Tulle, mon beau frere. — *Trespassa et alla a Dieu le jour Saint-Andrieu mil vᵒ septante quatre. Dieu aye mercy de son ame et de moy !*

---

parait pas remonter au delà do mois de julllet 1560, date des lettres royales accordant à la ville le privilège d'avoir un maire et quatre consals. Ils étaient élus par les habitans et renouvelés chaque année. Toutefois un d'entr'eux demeurait en fonctions l'année suivante pour que la tradition administrative ne se trouvât pas brusquement rompue. (Baluze : *Histoire de Tulle*, p. 280). — Il est à noter qu'aucune des anciennes communes du Haut-Limousin : la cité de Limoges, le château, Noblat, Saint-Léonard, Saint-Junien, n'ont connu la charge de maire. A Limoges, les fonctions de chef de la municipalité étaient exercées à tour de rôle, pendant un mois, par chacun des douze magistrats municipaux, avec le titre de prévôt-consul.

(1) Un blanc.

(2) Aujourd'hui chef-lieu de canton de l'arrondissement de Brive.

— Au moys de may mil v° soixante treize, les richars de la present ville de Tulle aient faict grand provision de bleds, (1) ...... que vingt ans auparavant ne s'en estoit parle de pareilhe, le bled se vendist xlviii s.; monta a iiii ll; et parceque monsieur le comte de Venthedorn (2), guoverneur dud. pays de Limosin, avoit amene sa compalhne a Brive et dresse d'aultres compainhies, ordonnoit luy estre porte ce tems pains aud. Brive et a l'hospital Saint Jehan, aulcuns cacharent leurs grains, tellement que le bled se vendoit communement au merche quatre livres quinze solz, le froment six livres dix solz (3), l'eyminal (4) de l'avenne x s. En ce temps la morust grand quantite de pouvres de pouvrete et misere, et aultres personnes de grand fievre. O la grand misere !

En ce temps la, a cause des guerres de ce pays, la charge de sel se vendist cinquante cinq livres.

— Le sabmedy, quinziesme jour du moys de may, l'an mil cinq cens soixante quatorze, entre sept et huict heures de matin, la lune estant au dernier quartier, nasquit Forthon Baluze, mon fils, et fust baptize en l'esglize Saint Julien de Tulle, par Me Michel Pradines, prebtre et vicaire de lad. esglize. Son perin, Me Forthon des Pres, prebtre, mon beau frere, et sa merryne Helis de Baluze, ma seur et veufve de feu Anthoine Fougeyron (5) de Tulle.

— Le xxvii° septembre mil v° soixante quinze, en ceste ville de Tulle, entre neuf et dix heures de soir, appareust une merveilheuse clarte, qui dura envyron troys quarts d'heure : Senblent qu'il fust l'aube du jour a aulcuns endroictz et a aultres endroictz qu'il fust la lune. Le meme (?) par diverses foys : ce que fust veu en plusieurs aultres lieux.

---

(1) Un mot illaible. On lirait : erriere.

(2) Gilbert de Levis, baron de la Voute, comte de Ventadour. Ce fut en sa faveur que le comté de Ventadour fut érigé en duché par lettres patentes du mois de février 1578, et onze ans plus tard en duché pairie.

(3) C'est un des prix les plus élevés qu'ait atteint le blé au xvi° siècle. Le prix de 4 l. 15 sols à Tulle pour 40 litres, représente 40 ou 50 fr. d'aujourd'hui, ce qui porterait à plus de 100 fr. le prix de l'hectolitre.

(4) L'Éminal est la moitié du setier et représente par conséquent, à Tulle, vingt litres.

(5) C'est probablement la même qu'Elise Baluze, mariée en 1550 à Jean de Bru-

Et sur les troys ou quatre heures suyvantes, fust veu au ciel une aultre merveilleuse clarte : et apparoissoit ung crucifix en croix, de coleur d'argent, qui dura ung quart d'heure : auquel temps mons' le Duc (1), frere du roy Henry, s'estant absente de la court, la guerre estant en ce pays, et pour lors estant le sieur conte de Ventadour lieuctenant du roy en ceste ville de Tulle, qui, n'aient veu ce dessus, s'en enquist a plusieurs personnes qui l'assurerent ce dessus estre vray.

— Le xxvii° octobre 1575, Jehanne des Pres espouza, a Chambolive (2) noble François du Teilh, s' du Theil, prés Donzenac (3).

— Le dimenche, sixiesme novembre mil v° soixante quinze, mon frere Anthoine amena ceans dedans, a la maison de mon pere, Sabyne des Pres, sa femme, avec laquelle il coucha a la chambre de feu mon oncle, que auparavant M° Jehan, prebtre, mon aultre frere, detenoit et jouyssoit; et despuis, icelluy M° Jehan s'est retire a la chambre appellee de l'estude. Le dernier de jung mil v° soixante seize, lad, Sabyne des Pres s'acoucha, et eust ung enfant dont mon pere fust compere et ma belle mere Jehanne de Costar marryne, nomme Estienne.— *Led. Estienne est decede le vi° may 1637, a neuf heures du soir, et ensevely le landemain a notre vas (4), dans l'esglise Saint-Jullien.*

— Le xxiii° fevrier 1576, l'eau de Corroze passant par ceste ville, debourda tollement qu'elle surpassa le pont Chausiny, tumba (5) une maison de Borie, prea celle de Teissier, emporta grand quantité de boys, molins, poudres (6), guasta

---

(1) François, duc d'Alençon, qui s'était mis à la tête du parti des *Mécontents*, et se jeta dans les bras du roi de Navarre. La *Paix de Monsieur*, conclue le 6 mai suivant, lui valut les duchés d'Anjou et de Berri en supplément d'apanage.

(2) Aujourd'hui commune du canton de Seilhac (Corrèze).

(3) Chef lieu de canton, arrondissement de Brive.

(4) Tombeau. Vas, dans le sens de tombeau, se trouve souvent dans des textes du xiv° au xviii° siècle. Les familles notables avaient toutes leur sepulture spéciale dans une chapelle dont l'entretien presque toujours leur incombait et qu'elles faisaient même parfois desservir par un ecclésiastique de la famille, ou désigné par elle.

(5) Pour *fit tomber*.

(6) Poutres.

maisons, porta deux grands pouldres de bois dans les clos-
tres (1) de la grand esglize, vint pres le petit portal Saint-
Julien du coste nostre rue (2), pres envyron deux brasses,
rompit le pont de la Barriere (3), et feist d'aultres cas esmer-
veilhables.

— Le dix neufviesme jung mil vᵒ soixante seize, alla de vie
a trespas Mᵒ Jehan Baluze, prebtre, mon frere, et furent faictes ses honeurs par les quatre esglizes, et toutz frais paies, sans
que mon pere ne aultre en bailha rien ; — et le jeusdy apres,
je feistz la feste Dieu, comme estant bailhe avec Mᵒ Jehan
Dautan et ung nomme Targas de Solane, qui me fornirent
argent pour ce fere (4).

— Le xviiiᵉ jung mil vᵒ soixante dix sept, les Huguenaux
ennemys du Roy nous faisant la guerre, une douzaine vindrent
bien pres la porte de la Barriere de Tulle, y prindrent deux mu-
letz, de leur part laisserent ung cheval, valeur soixante escuz.
En ce temps la, le sʳ de St-Brunyrie (5) guoverneur pour le roy
en cette ville et le filz de Monsr de la Chappelle, capitaine, y
avoit sa compainhe de cinquante hommes ; lequel La Chappelle,
avec aulcuns de ses soldatz, adverlis, acompainhes de plusieurs
bons enfens de cette ville, sortirent pour suyvre les ennemys
qui n'estoient que douze ; lesquelz ennemys, feignlens s'en-
fouyr, retirarent les nostres jusques pres la grange de Sainte-
Fortunade (6), et aient adverty leurs semblables, qui estoient
aud. Sainte-Fortunade en grand nombre, ils sortirent montes
et bien armes, tellemant qu'ilz en tuarent des enfens de Tulle
au nombre de dix huict, comme beaucoup de soldatz dud. La
Chappelle ; le surplus myrent en desroute, les contraignent de
fouyr. Bref, led. La Chappelle, avec le reste de ses soldatz, se

---

(1) Il s'agit des cloitres de Saint-Martin, aujourd'hui Notre-Dame.

(2) On pourrait inferer de ce passage que Jean Baluze habitait la rue allant de la
porte des Mascons au pont Chalainet.

(3) Le pont de la Barrière était placé au bas du faubourg, aujourd'hui rue de la
Barrière, sur l'emplacement du pont actuel du même nom.

(4) Les balles de certaines confréries étaient chargés des frais de la fête patronale.
On voit que la confrérie de la Fete-Dieu de Tulle avait trois balles à sa tête.

(5) Nous ne pouvons lire autrement : le mot est très nettement écrit.

(6) Sainte-Fortunade, cheflieu d'une commune, canton sud de Tulle.

retira au village de Sourries (1) a une maison ou cuydoit se
sauver. Toutesfoys les ennemys myrent le feu a la maison, ou
furent brusles deux soldatz, et led. La Chappelle et ses soldatz
contrainctz se rendre au capitaine Vinens (2) qui conduisoit
l'armee contraire, tellement qu'ilz furent menes le soir a Ste-
Fortunade avec grand nombre d'aultres enfens de Tulle en
grand captivite (3); de la, les aulcuns a Brive; les aultres, mesmes mon jeune frere Jehan, a Userche (4), et les aultres à
Argentac (5); la ranson desquelz cousta beaucoup.

— Au commancement du moys de novembre, l'an mil v^c
soixante dix sept, appereust au ciel, sur la present ville de
Tulle, entre l'occident et meridional, une estoille resemblent
a la bouche d'ung canon de guerre, gectent grand feu et
comme se ce fut este ung grand estandart flotent, et de ses
raide visent sur Bruyent et du coste de la maison de Gua-
rinet (6), qui aparoissoit sur l'entree du soir jusques a dix heures; et dura jusques au xv^c decembre, que ne feust plus veue;
et fust ung extreme froit et l'eau couverte de glasse.

— Le sabmedy, xi^e janvier mil v^c soixante dix huict, sur le
bord (7) de la nuict, estant le jour couvert d'espesses nuees,
estant la lune nouvelle, fust veu au ciel deux croissans de lune,
distans l'ung de l'aultre d'ung grand pied.

Les aulcuns disent qu'ilz virent la lune entiere et ronde, avec
ung croissant, separes l'ung de l'aultre d'ung pied ou envyron.

— Le ixe fevrier 1577, mon pere revendist a Jehan du Panon,
dict le Mayne, du villaige du Chier, par. Saint-Jullen de Tulle,
et a Jehan et Martin Duchier, de Tulle, une terre qui luy avoyt

---

(1) Souris, commune de Sainte-Fortunade.

(2) Au-dessus, Etienne a écrit : Vinans.

(3) Cet épisode est rapporté presque mot pour mot dans la Notice sur la ville de
Tulle, par Baluze du Mayne, insérée à l'Annuaire du département de la Corrèze
pour l'an 1828 (Drappeau frères).

(4) Chef-lieu de canton, arrondissement de Tulle.

(5) Chef-lieu de canton, arrondissement de Brive. Argentat était un des centres
des Réformés dans la contrée. Voir l'Histoire d'Argentat par M. Eusèbe Bombal
et les divers travaux de M. Alf. Leroux sur la Réforme en Limousin.

(6) Maison et château de Guérinet, où François de La Garde établit, en 1653, le
séminaire des ordinands, sous la direction des Sulpiciens.

este vendue, instrument receu par M° Jehan La Chieze, notere de Tulle pour le prix de (1)

— Le vandredy, vıᵉ du moys de jung de l'an mil vᶜ soixante dix huict, la lune estant nouvelle le jour de devent, jour de jeusdy, a ce moyen n'aient (ᵞ) que ung jour, nasquit Jehan Baluze, mon sixiesme enfent. Il fust breptize lendemain, en l'esglize Saint-Julien de Tulle, par M° Michel Pradines, vicaire de lad. esglize. Et fust son perin Jehan des Pres, mediocre (2) de nom, filz de feu Fran[çois] des Pres, mon beau frere, aultrement appelle Jehan Petit, et sa meryne Jehanne de Baluze, ma seur et femme de M° Ramond Pabot, de Tulle. — *Baluze*, pere, par la grace de Dieu.

— Le dimenche, xvᵉ d'apvril mil vᶜ quatrevingtz quatre, envyron quatre heures, Guabrielle des Pres, ma femme, s'acocha d'ung filz, lequel estant baptize par Jehan Graud, [deceda] mond. filz, et lendemain fust enterre en l'esglize Saint-Julien.

— Le lundy, xvıᵉ de may 1580, fust batize la cloche Saint-Jehan qu'est au grand clocier (3) de la present ville de Tulle, ensemble l'aultre cloche, Saint Clair, que puys ung moys avoient este de noveau refalctes.

— Auquel temps y eust famyne et charte (4), que le bled se vendist ung escu valent troys livres, et fust guerre entre les catholique et ceulx de la nouvelle religion, et plusieurs chasteaux et maisons fortes prinses, aussi plusieurs personnalges et bestial prins et ransonnes. — O le miserable temps, pour n'ozer sortir hors des villes !

— Le vandredy, sixiesme de septembre 1585, entre troys et quatre heures apres midy, le capitaine nomme La Mourie (5) et aultre nomme Le Begue de Rignac (6) de Brive, Haultier,

---

(1) Un blanc.

(2) Moyen, le second de trois frères.

(3) Le clocher de Saint-Martin.

(4) Cherté.

(5) Ce La Maurie, qui était un véritable chef de bande et qui parcourut le Limousin et la Marche en pillant, brûlant et rançonnant comme les Brabançons et les routiers du xıᵉ siècle, se qualifiait de « conseiller et chambellan du roi de Navarre. »

(6) Aujourd'hui commune de Cosnac, canton de Brive.

La Croix, acompainhes de mil v^c homes, tant de pied que a
cheval, cuydens guaigner et emporter la p^{al} ville de Tulle, dres-
sarent une embuscade sur le faulxbourg de la Barryere (1),
de telle fureur et impetuozite qu'ilz tirarent toutz arcabuzades,
faisant leurs effortz de guaigner led. faulxbourg; mais bien
assaly, mieulx defendu : car les habitans se trouvarent et de-
fendirent si bien que les ennemys s'en retournarent a leur
grand confuzion, et en fust tue plusieurs, comme aussi des che-
vaulx, que fust cause qu'ilz boutarent et myrent feu en plusieurs
lieu, mesmes au molin de La Garde (2) : que fist perte de mil
escuz a la maison du boriaige (3) del Champ, autre maison du
boriaige de Estienne La Cheze, bouchier, et en plusieurs
aultres lieux. Lesquelz ennemys se seroient retires au villaige
de Lespinhatz et en la maison de M° Jehan La Chieze, notere
de Tulle, joignent iceluy villaige, et de la faict la guerre ausd.
habitans de Tulle de toutes fassons, jusques au sabmedy, heure
de quatre heures de soir, qu'il s'asemblarent et viendrent au
pre des heritiers de feu M° Martin Bordarie, advocat au siege
de Tulle, et a la porte de Ravely, du coste de ceulx de
Beche (4), pres le pre del Turon, et estans en bataihe, les
enfens de Tulle les recourent et combatirent contre eulx
l'espasse de troys grandz heures, tellement que, du party
des Huguenaulx, en fust mort ou blesse ung grand nombre, et contrainct le reste se retirer a leur grand confusion;
et des habitans de ceste ville, n'en fust tue ne blesse aulcuns,
graces a Dieu et a la benoyte Vierge Marie (5) ! Bientost apres,
par l'advis d'aulcuns habitans de lad. ville, fust brusle lad.
maison de La Chieze, ensemble le propre chasteau et logis de
Guarynet, pres la ville, apartenent a Joseph Borie, qui estoit pour
lors prisonier a Brive, comme aussi plusieurs aultres logis

---

(1) Aujourd'hui rue de la Barrière.

(2) La Garde, aujourd'hui commune du canton de Tulle-Sud.

(3) Même signification que *borie* : ferme, métairie. S'agit-il ici de Champ la-
Garde, propriété des Balaze ?

(4) Porte et faubourg au nord-ouest de Tulle, près de la Solane. — *Ravely* ne
serait-il pas mis ici pour *racelin*.

(5) On trouve quelques détails sur ce combat dans l'enquête sur la prise de Tulle
qui nous a été libéralement communiquée, avec beaucoup d'autres documents du
reste, par notre très obligeant confrère et ami, M. René Fage.

qu'estoient pres lad. ville, comme faisant grand prejudice a icelle.

Le lundy apres, les Huguenaulx se retirarent et furent a Saint-Salve (1), ou ilz combatirent contre ceulx qu'estoient dans le fort, ou iceulz perdirent beaucoup d'hommes a leur confusion. Touteffoys, voient leur perte, ilz quictarent led. lieu. Ilz firent beaucoup de ravages et pileries en ce Bas Limosin. — Dieu soit louve du tout !

— Le dernier jour d'octobre (2) 1585, veilhe de Toussainctz, sur le jour levent, les Sr de Turenne (3) fut (?) pres (?) nostre ville de Tulle; les capitaines Roche Focault (4) et Engoulesme, autre capitaine appelle La Mourye (5), de Rebeyrac, et autres acompainhes de dix mil homes tant de pied que de cheval (6), avec deux pieces de campainhe, prindrent les saulxbourg de la ville de Tulle; s'efforsarent guainher le corps de la ville, firent tirer lesd. pieces, posarent le petard a la porte Chanac, la rompirent, et aiens combatu d'ung coste et d'aultre, y morust beaucoup de gens, et de grandz capitaines : envyron mil hommes, et centz (7) de la ville : aient faulte de poudre, se creignens estre tues et la ville prinse, accordarent l'entree de lad. ville au Sr de Turenne et aultres. moyenent

---

(1) Saint-Solve, aujourd'hui chef-lieu de commune, canton de Juillac, arrondissement de Brive. — M. Champeval pense que Saint-Solve est mis ici par erreur et qu'il s'agit selon toute probabilité de Saint-Sylvain, près Argentat.

(2) La veille, l'ennemi avait reconnu la place et on avait escarmouché une partie de la journée.

(3) Nous n'avons pas à rappeler ici le singulier rôle joué par le vicomte de Turenne à cette époque ni à rechercher les mobiles qui le guidaient. L'intérêt personnel y tenait certainement plus de place que la foi et la passion religieuses.

(4) Il n'est pas probable qu'il s'agisse ici du comte de La Rochefoucault, qui devait être tué quelques années plus tard devant Saint-Yrieix.

(5) La Maurie commandait un des régiments de la petite armée de Turenne avec le grade de mestre de camp; mais il était souvent chargé de diriger de petites expéditions et paraît avoir joui d'un grand crédit auprès de Turenne.

(6) Les dépositions de l'enquête dont nous avons parlé plus haut, concordent avec cette indication. Les forces de Turenne sont évaluées à 9 ou 10,000 hommes par les unes, à onze à douze mille par les autres.

(7) La phrase serait plus satisfaisante et plus claire si on lisait : « et ceux de la ville, aient faulte de poudre, » mais le mot cents est très lisiblement écrit. Jean a évidemment omis quelques mots.

dix mil vᵉ escuz, qu'ilz poyerent (1); et entrarent dans lad.
ville (2). Lesquelz fauxbourgz et ville il gardarent, la pilha-
rent et myrent a pouvrete jusques au neufiesme fevrier (3), que
led. La Mourie, y estant demeure, s'en alla et quicta icelle,
moyenent viiiᵐ vᵉ escuz (4), aient du tout pilhe l'esglize des
Cordeliers (5) et faulxbourgz et en partie la ville. Je fus prins
prisonier et mys a la grosse tour par cinq jours : en furent (?)
paye deux cens escus d'arranson, que Jacques Bordarie, mer-
chant de Tulle, me presta (6).

— Le xᵉ decembre 1585, estant led. La Mourie a Tulle, fustz
contrainct de prester le serement de consul de la ville de Tulle
comme (?) j'exerce les susd. moys en apres: Mᵉ Jehan de La Fa-
gerdie, enquesteur en lad. ville, presta le serement de maire ;
Jehan Teissier, Anthoine Fenis, recepveur et Jehan Mailhard,
notᵒ de Tulle, consulz.

— Le xxiiᵉ decembre 1586, Mᵉ Estienne Baluze, mon pere,
deceda de ce monde, une heure apres mynuict, aient demeure
malade et paralitique de la moytie du corps envyron quinze
jours. Dieu vueilhe avoir mercy de luy !

— Sur la fin du moys de jung mil vᵉ quatre vingtz dix, Messire Anne de Levys, comte de La Voulte (7), fils du sᵉ duc de
Ventadour, guoverneur en ce Bas Limosin, fist batre par
deux grands canons le chasteau de Sadro (8), apartenent au
sieur de Limoges (9), detenu par Messieurs de la Ligue, qui

---

(1) Ce passage n'est pas très clair. Il semblerait que Turenne eût donné 10,600
écus pour obtenir d'entrer dans Tulle. Ce furent au contraire les habitants qui ver-
sèrent cette somme : « Par accord faict entre eulx fut baillhe audict sieur de Turenne
dix mil escus, » dit Jean Baluze dans son *Journal*.

(2) La Mourie et ses troupes entrèrent dans la ville le 4 novembre. Le surlende-
main seulement Turenne y fit son entrée.

(3) Turenne, La Rochefoucault et leur suite n'y étaient restés que huit ou dix
jours.

(4) Philippe Hervé, principal du collège, avait été envoyé par la ville à Bergerac
et à Montauban pour obtenir de Turenne et du roi de Navarre le départ de La
Mourie.

(5) Occupée dix-sept ans plus tard par les Recollets.

(6) Ce passage confirme les indications du compte rendu par Baluze, à l'expira-
tion de son mandat de consul.

(7) Gilbert de Levis, son père, mourut l'année suivante.

(8) Sadroc, aujourd'hui commune du canton de Donzenac, arrondissement de Brive.

(9) L'évêque de Limoges, Henri de la Marthonie, qui avait pris parti pour la Ligue.

estoit pour lors, ensemble aultre chasteau de Vighoas (1) ap
partenent au sieur de Pompadour, sans aultre couptz ferir (2).

Comme aussi le vi° juillet 1590, led. sieur conte feist batre
par les mesmes pièces le chasteau de Cornilh, contre lequel
feist tirer soixante douze couptz de canons; mais il ne le peust
prendre que ceulz de dedans ne le rendissent : ce qu'ilz firent,
sortans d'illec avec leurs armes.

— Le (3) xxi° aoust 1594, je fiance Marguerite de Tramond ches
M° Jehan Fenis, juge ordinaire de la p⁰¹ ville, son oncle. Contract reçeu par Darche.

— Le vi° octobre 1594, jour de jeudy, j'espouse Marguerite
de Tramond par M° Jehan de La Salvanie, cure de Saint-
Julien, et en l'esglize Saint-Pierre, devant l'autail de Nostre
Dame, en la galerie, et le dimanche ensuyvant le banquet des
nopces fust faict, scavoir le disner ches Tramond et le souper
ches moy. — BALUZE.

— Le sixiesme octobre 1594 (4), j'espouse Marguerite de Tramond, filhe a M' Pierre, et de Anne de Fenis, en l'esglize
Saint-Pierre et chapelle N°° Dame de Pitie, qui est a la galerie
de lad. esglize.

Il se trouve, dans le livre journal de sond. pere, que lad.
Marg¹° nasquit le xxv° de jun 1571. — Et deceda le xv° novembre 1625, a deux heures apres minulct, et fust ensevelle
en l'esglize Saint-Jullien, en n°° vas, qui est joignant la chapelle Sainte-Luce, au dessoubz la chere qu'on faict le prosne.
Dieu lui fasse paix par sa sainte misericorde !

— Le xvi° jour de novembre 1595 et la nuict venant au
xvii° dud. moys, la ville de Coureze (5) fut prinse par le moyen
d'un petard qui fut posé aux portes par le s' de Marsillac, de
Marse, de Lavaur, de Rochely, d.» Vitebouche et autres leurs
complices, pourtans les armes pour le baron de Gimel, gou-

---

(1) Vigeols, chef-lieu de canton, arrondissement de Brive.

(2) Ce paragraphe et le suivant ont été reproduits à peu de différence près dans la
Notice sur Tulle, publiée par M. Baluze du Mayne, dans l'Annuaire de 1829.

(3) A partir de cet article, c'est Etienne Baluze, fils de Jean, qui parle.

(4) Une note identique se trouve à un autre endroit du registre. Nous avons
jugé inutile de la reproduire.

(5) Corrèze, aujourd'hui chef-lieu de canton, arrondissement de Tulle.

verneur pour lors en la ville d'Ambert, p' la Ligue; et la mesme nuict, fut la ville de Gimel reprinse par les susd., laquelle la feste de Noel auparavaut avoit esté prinse par le s' de Chambaret (1), lieuten' du Roy en ce pays, apres avoir teneu le siege devant lad. ville quatre moys, qui fut commance la veille de la feste Saint-Bartelemy, 24° aoust 1594, qu'elle fut assiegee, et dura led. siege jusques a lad. feste de Noel (2) ensuyvant.

— Le xxvi° jour de juillet, jour Sainte-Anne 1596, le s' de Salanhac, gouverneur pour le Roy en ce pays de Lymosin (3), fist son entree en la ville de Tulle, ou il fust receu fort honorablement. Au devant duquel alla une companie de jeunes hommes, de l'eage de vingt a vingt et cinq ans, habilles de blanc tous d'une livree avec (4)   , et estant en nombre de cent. Et, apres eux, quatre cens arquebusiers de lad. ville, conduitz par le s' de La Maureilhe, commandant en lad. ville, et les consulz d'icelle; led. s' de Salanhac fut rencontre au pont Charlac par six amazones armees de toutes pieces, les armures de carte (?) couvertes d'une feuille d'argent; et par icelles fut rencontre une troupe de sauvages dans la fourest de Giblac (5), lesquelz furent amenes esclaves par lesd. amazones aud. s' de Salanhac, et icellui conduisirent jusques a la ville; et au devant la porte des Cordelliers, se trouve un chariot conduit industrieusement par des hommes qui ne paroissent point, dans lequel estoient les six vertus et une jeune

(1) Louis de Pierrebuffière, baron de Chamberet, un des plus braves gentils-hommes du Limousin au xvi° siècle.

(2) Du 23 septembre 1594 au 23 janvier 1595, d'après le père Bonaventure de Saint-Amable : *Histoire de Saint-Martial*, t. III, p. 803, etc. La reprise de Gimel fut le dernier exploit du baron de Chamberet, qui mourut peu après. Les *Annales manus.* écrites semblent placer à l'année 1594 ce fait d'armes (p. 375). L'intendant de Bossize était avec M. de Chamberet au siège de Gimel.

(3) Le baron de Salagnac avait remplacé M. de Chamberet dans les fonctions de lieutenant au gouvernement du Limousin. Il fit son entrée dans la capitale de la province le 9 juillet 1596. Il s'appliqua à réconcilier les partis et obtint à Limoges, d'une assemblée de ville, que les portes seraient rouvertes à tous les ligueurs chassés en 1588, 1589, 1590. Voir notre notice sur la *Ligue à Limoges*. Ducourtieux, 1891, pp. 57 et 59.

(4) Un blanc.

(5) Le pont Charlat, sur la Céronne, entre Souilhac et l'Estabournie, banlieue de Tulle. Giblat, hameau près la gare.

enfant qui chantoit des chansons a la louange dud. sieur de
Salanhac, et l'accompaniarent jusques a la porte de la ville,
au dessus de laquelle estoit dresse ung theatre, au dessus duquel y avoit ung ciel seme d'estoilles, du soleil et de la lune,
la ou le filz de Peuchauvert, procureur, chanta des chansons
a l'honneur dud. sieur; et le refrain de la chanson estoit chanté
par les chantres de la present ville.

De la, led. sieur fut conduit a l'esglize cathedralle, au devant de laquelle se trouvarent Messieurs du Chapitre et des
esglizes Saintz Pierre et Julien, ou l'official de lad. esglize
fist son arrangue aud. Sr, et le mena dans lad. esglize, ou fut
chante le *Te Deum laudamus*, et de la conduit a l'evesche, ou
estoit son logis, ou le furent trouver Messieurs du Senl en
corps; après eux, Messieurs de l'Estection, puis Messieurs du
clerge, et apres Messieurs les Maire et consulz de lad.
ville (1).

Le xiiie jour du moys d'octobre, l'an mil ve quatre vingtz
seize, jour de lundy, et entre midy et ung heure, nasquit Anthoine Baluze, mon premier filz et de Marguerite de Tramond,
ma femme, et fut baptize le mecredy ensuivant, a six heures
du matin. Et fut son parrin Jaques Dumas, fils au greffier de Chameyrac (2), que le pourta au nom du sire Anthoine Tramond,
mon beau frere, marchant de Tulle, qui estoit alle au voyage
de Poictou, et sa merrine Guabrielle de Despres, ma mere.
Baptize a l'esglize Saint-Julien par messire Jehan de La Salvanie, cura de lad. esglize. A la naissance dud. Anthoine regnoit la planete *Sol*, qui luy promet beaucoup de fortune si
Dieu luy fait la grace de vivre, — la lune entrant led. jour, a
doux heures apres midy, en son dernier quartier.

E. BALUZE, advocat, *et despuis engieur*
au siege de Tulle.

Ledit Anthoine Baluze mourut le xxiie nocembre mil ve quatre
vingtz dix sept, de la petite verolle (3), et fust ensevely a Saint-

---

(1) M. Baluze du Mayne fait allusion à cette solennelle réception dans l'Annuaire de 1856.

(2) Aujourd'hui commune du canton nord de Tulle.

(3) Plusieurs livres de raison, celui des Maurat du Dorat, notamment, mentionnent
les ravages de la variole dans le pays vers la même époque.

Juillen, a nostre vas, soubz la chaire qu'on a acoustume de dire les sermons.

———

Memoire des rantes qui me sont dheues sur le tenement del Champ La Garde ou de La Marson (1), l'an 1596 :

A. — Premierement, par M^ro Anthoine de Loyac, recepveur, ung cestier froment (2) sur une piece de terre appele *Doulinou*, au tenement dud. La Marson, confrontant avec autre terre dud. Loyac, avec autre terre des heritiers de feu Guillaume de Lofficial, dict de *La Pelo*, un petit chemin entre deux, avec ung boys des heritiers de feu Pierre Pouget l'aisne, et avec une vinhe de Leonard Rrivezac, avec ses autres confrontations. (Vante du vi may 1536, signe Coron, notere royal soubz la cotte E et plusieurs recognoissances soubz cette cotte) (3).

Vandue a M° Martial de Fenis, l'an 1597.

B. — Plus, par M° Anthoine Salesse et autres heritiers de feu M° Blaise Salesse, a cause d'une terre assize au territoire del Champ La Garde, ung cestier froment et une poulaille (4); — confrontant lad. terre avec le chemin par lequel on va de Tulle au village de Fes (5) et avec la terre de Jehan Vincens dit Vitorgue et avec une vinhe de Guillaume Chassaret et sa femme, avec ses autres confrontations, — en fondalite et justice (6). (Vante du xix° septembre 1553, signe: Serazac, not° royal).

C'est la terre de Guabriel Lagarde de Salesse, qui est au devant la maison.

B. — Plus, par Guillaume Chassares, et despuis par Michel Pastrie dit Micalet, ung cestier bled seigle mesure de Tulle,

———

(1) Propriété de Champ La Garde, sise dans la banlieue de Tulle. — La Marson, tènement dépendant de Tulle.

(2) Nous avons donné plus haut la contenance du setier, mesure de Tulle, (40 litres) et dit qu'il était très différent de celui de Limoges.

(3) Cette note est en marge comme celles des paragraphes suivants mises entre parenthèses.

(4) Les redevances en volaille, en poules surtout, sont très fréquemment mentionnées dans les anciennes lièves.

(5) Village des environs de Tulle, aujourd'hui dénommé *Felz*.

(6) La fondalité est le droit direct de seigneurie sur un fief. La justice est la principale prérogative de la seigneurie.

a cause d'une vinhe et terre assize aud. Champ La Garde et confrontant avec une vinhe et terre de feu M⁰ Jehan Duval, et avec le chemin par lequel on va de Tulle au village de Fes, avec ses autres confrontations, en fondalite et justice.

Vanduc. — Lad. rante n'est dheue.

B. — Plus, sur moy, M⁰ Estienne Baluze, advocat, et par cy devant la Beligne (1), ung cestier froment, a cause d'une terre qui a aussy aparteneu a Jehan Vincens dit Vitorgue, assise aud. Champ La Garde et confrontant avec une vinhe de feu Agnet Peschadour (2), bouchier, a p⁰¹ a moy apartenant, et avec le chemin par lequel on va de Tulle a Fes, et avec une terre des heritiers de feu M⁰ Blaise Salesses, avec ses autres confrontations, — en fondalite et justice. (Vante du xix⁰ sepb⁰ 1553, *Signe* Serazac, not⁰.

C. — Plus, par Estienne Baluze, cy devant par Leonard de Fenis, une eymine (3) froment et une poulailhe, a cause d'une terre assize au territoire de La Marson, confrontant avec ung claux des heritiers de feu Jehan Montagne, avec une terre des heritiers dud. Estienne Baluze, avec autre terre de Anthoine Laporte, avec ses autres confrontations, — en fondalite et directe (4). (La vante du lad. rante est soubz cotte E, du vi⁰ may 1536, de Ceron, not⁰ royal).

D. — Plus, sur Guillaume Brossart, et cy devant Guillaume de Lofficial, ung cestier froment et une poulailhe, a cause d'une terre qu'il tient aud. Champ La Garde, confrontant a la terre de Anthoine Salvanye, a present au recepveur Loyac et a la vinhe de Pierre Loche et au domaine des heritiers de Capet, un chemin entre deux, avec ses autres confrontations, — en fondalite et directe (La vante du vi⁰ may 1536, signee de Ceron, not⁰ royal, soubz la cotte E. — Contract et aultres recognoissances). *Vandue a M⁰ Martial de Fenis, l'an 1597.*

E. — Plus, sur Leonard de La Beronnye Haulte, a p⁰¹ Beaufes,

---

(1) Beligno ou Belinte, pour Bénigno.

(2) Ancienne famille de Tulle. Un de ses membres était consul lors de la prise de Tulle en 1585; un autre fut blessé à mort dans le combat du 31 octobre.

(3) L'émine était la moitié du setier; elle se subdivisait elle-même en quartes et en coupes.

(4) Seigneurie directe.

ung cestier froment et dix solz t° (1) en argent, a cause d'un
pre et terre appelles de Besson, assiz aux apartenances de La
Beronnye (2), — en fondalite et directite. (Du vi° may 1536,
signe de Ceron, not° royal, contract).

E. — Plus, sur Helis du Chier, veufve a feu Nicolas, le barbier
de Tulle, ung cestier froment, a cause d'ung claux assiz aud.
tenement, — en fondalite et directite. (Du vi° may 1536, signe
de Ceron, not° royal. M° le lieuten° de la Marre (?) contre
Cousturier (?) juge).

E. — Plus, sur M° Anthoine Arnal, prebtre de Tulle, une eymine
bled seigle, mesure de Tulle, a cause d'une terre qu'il tient de
sa fondalite, assize aud. territoire de la Marson, confrontant
avec la terre ou vinhe des heritiers de feu Pierre Guazardz et
sa femme, et avec une terre par dessus de Estienne Baluze
avec ses autres confrontations, — en fondalite et directite. (Du
vi° may 1536, signe de Ceron, not° royal).

Estienne Baluze la possede a p°¹: 1596.

E. — Plus, sur les tenanciers du village de La Soleilhavoup (3), paroisse de Naves, troys cestiers bled seigle a pareilhe (4) mesure, en fondalite et directite..... iii cestiers bled
seigle. (Du vi° may 1536, signe : de Ceron, not° royal).

N'est dheu.

E. — Plus, sur les heritiers de feu Pierre Guazard et sa
femme, a present Estienne Baluze, troys solz quatre deniers
tournoys, a cause d'un claux ou terre, assize au tenement de
La Marson, confrontant avec le donmaine de Cupet, le chemin
entre deux, et avec la terre appellee La Marson, avec ses
autres confrontations, — en fondalite et directite. (Du vi° may
1536. Signe de Ceron, not. royal).

Vandue u Calmine Baluze.

Calmine Baluze possede lad. piece p° avoir este adjugee par
arret (?) a Jean Jaucem, s° de La Geneste, duquel il a le droict,
et luy a este arante (?)

----

(1) Tournois.
(2) Sur les limites des communes de Tulle et de Naves.
(3) Aujourd'hui Soleilhavoup, commune de Naves, canton de Tulle.
(4) On lirait plutôt *pauche*.

E. — Plus, sur Jacques Pourchet et Anthonie de Dantan, dicte Perpy, a cause de leurs maisons, assizes au barry (1) de La Barussie de Tulle, en fondalite et directite : vii s. vi d. t° (Du vi° may 1536. — Signe de Ceron, not° royal).

Jean Soulane, parcheminier de Tulle, tient l'une de ces maisons, et paye de lad. rante iiii s. ii d. et M° Anthoine Pourchet, prebtre, l'autre ; et paye iii s. iiii d. — Lesd. maisons sont l'une contre l'autre et se confrontent avec la maison de Mathie Puech, courdunier, l'an 1615.

E. — Plus, sur Marcial Mallie, de Tulle, troys solzs tournois, a cause d'une vinhe qu'il tient au tenement du Champ La Garde, en fondalite et directite. (Du vi° may 1536, signe de Ceron, not° royal).

F. — Plus, sur Pinhot (2) Bernard et Pierre Doudony et de Serre et Estienne Laqueto des Ortz, un cestier froment, payable par losd. de Serre, troys quartes, et par celuy des Ortz l'autre quarte restante par des Ortz (*sic*), a cause des places qu'il tiennent au village des Ortz (3), et ce entre les deux festes N°° Dame d'Aoust et Septembre, — en fondalite et directite. (Du xxx° Juillet 1558, signe du Masdelmon, not° royal. La vente est soubz cotte 2).

F. — Plus, sur Michel Monteilhe, a p°l sur Guabriel Poulvarel (4), troys solz tournois, a cause d'une vinhe qu'il tient aud. territoire del Champ La Garde, confrontant avec une vinhe de Johan Maillard, hoste, avec autre vinhe des heritiers de feu M° Jehan Vialle, dict *Brel* (7), prebtre de Tulle, et avec une terre de Guillaume de Lofficial, avec ses autres confrontations, — en fondalite et directite..... (Du xxx° Juillet 1558, signé du Masdelmon, not° royal).

Les heritiers de M° Girault La Selve (?) jouyssent lad. vinhe.

F. — Plus sur led. Guabriel Poulvarel, a cause de la mesme

---

(1) Faubourg. — Le faubourg de la Barussie est un des plus anciens de Tulle.

(2) Pour Penot, diminutif de Pierre.

(3) Village de la commune de Naves, canton nord de Tulle.

(4) Ce nom de Poulvarel, Polverel, *Pulverelli*, est très commun aux xiii° et xiv° siècles. Nous l'avons trouvé à Limoges et à Saint-Yrieix. Hugues Peulverelli est sénéchal de la Marche et du Limousin en 1330 (Arch. Haute Vienne, classement provisoire 7851).

vinhe, dix solz de rante, rachatable. (Du xxvi° octobre 1547, signe de Ceron).

G. — Plus, sur Estienne Vergonsanes, a p⁰ᵗ Anthoine de Saint-Salvadour, dit de Lausilhe, vii s' vi d' et une poulailhe, a cause d'une vinhe qu'il tient au tenement del Champ La Garde, confrontant avec une vinhe de Pierre Colom, bassinier de Tulle (1) et de sa femme, avec aultre vinhe des heritiers de feu Anthoine Balet, et avec une vinhe de ceux de Saquet, avec ses autres confrontations, — en fondalite et directite. (La vente est du vi° mars 1572, signe Dubral, notrᵉ royal de Tvlle, Recognᵉ du xii° decembre 1584, receue par de Soleilavolp, faite a M. Jean Baluze; autre faite aud. Baluze par Saint-Salvadour, du xvi°decembre 1586, receu par Darche. Aultre recognᵉˢ faite a Mʳ Est. Baluze, enquesteur, le pʳ octobre 1623. Receu par Laugerie, notʳᵉ).

H. — Plus, sur Jehan Sodeilhes, cordonnier de Tulle, a p⁰ᵗ Pierre Tramond, dit de La Coulaude, neuf solz tournois, a cause d'une vinhe scituee au territoire del Champ La Garde, confrontant avec une vinhe et terre de Estienne La Fon, a p⁰ᵗ Poutoutou, et avec le chemin alant de Tulle au village de Fos et forest et nogarede (2) de Bastron (?), avec ses autres confrontations, — en fondalite et directite. (Du xxi° fevrier 1533, signe J. du Bolx, notʳᵉ).

J'ay faict conte de lad. rente avec Estienne Tramond, dit de La Coulaude, pour les arreyrages deus, et bailho quittance, pourtant recognᶜᵉ a icelluy. Receu par Eysillere (?), notʳᵉ royal, le premier Xᵇʳᵉ (?) 1619.

J. — Plus, sur Jehan Vergne, dit Segui, troys sols neuf denʳˢ, et demy poulailhe, a cause d'une vinhe scituee aud. tenement del Champ La Garde, confrontant avec les forests de Fes, avec le boys de Estienne Lafon, cordonier de Tulle, avec une vinhe des heritiers de feu Mʳᵉ Jehan Serazac — en fondalite et directite. — (Du viii° janvier 1573, signe de Seigne, notʳᵒ

---

(1) La vieille famille des Colomb, à Limoges, comptait parmi ses membres beaucoup d'artisans adonnés au travail des métaux.

(2) *Nogarede*, endroit planté de noyers.

royal. Vante du iii° mars 1559, signe J. du Boix, notᵣᵉ, cotte J O).

L. — Plus, sur Mᵉ Ramond Baluze (1), cordonnier de Tulle, troys solz de rante, a cause d'ung boys et nogarede confrontant avec ung pre et nogarede de Julien Sagne (?), ung chemin entre deux, et avec ung boys de Arnal Gaillardon, cordonnier de Tulle, et avec ung pre appelle de La Magesso (2) et avec une terre de Eymar La Tour, avec ses autres confrontations, — en fondalite et directite. — (Vante du v° fevrier 1538, signe Souzac. Du ix janvier 1537, signe Fr. de la Chiese, notᵣᵉ royal, — recognoissance).

M. — Plus, sur Francoys Bousquet, dit de Lombart, la boureur, de Tulle, un cestier bled seigle et une poulailhe, a cause d'une vinhe qu'il tient el Champ La Garde, confrontant avec une vinhe des heritiers de feu Mᵉ Blaise Salesse, notᵣᵉ de Tulle, avec une vinhe des heritiers de feu Mᵉ Ramond La Vernhe, procureur en parlement a Bourdeaux et avec une vinhe de Guillaume Chassares et sa femme, avec ses autres confrontations — en fondalite et directite. — (Vante du xii fevrier 1538, signe Serazac; du xxvii° may 1530, signe Serazac, notᵣᵉ royal — recognoissance).

Le tout recandu. — Recandu par feu Mᵉ Estienne Baluze a (3).....

N. — Plus, sur Jean Pinhot, Doultholes Cothal, de Tulle, une cymine seigle et troys solz quatre deniers, a cause d'une place de terre, vinhe et nogarede, selz au tenement del Champ La Garde, confrontant avec une terre de Estienne Baluze, libraire (4), avec une terre de Pierre Fraysse, qui a este de Mᵉ Anthoine Arnal, prebtre; avec ung clau de Mᵉ Jehan Fenis et Catherine de Laborde, sa femme, avec ses autres confrontations — en fondalite et directite..... (*Du xxv° mars 1538, signe de Ceron, notᵣᵉ royal, recognoissance. Estienne Baluze de Je-*

---

(1) Ce Ramond est-il le fils du libraire Etienne Baluze l'aîné, nommé à l'année 1560 au sujet d'un procès.

(2) La femme ou la fille de Mage.

(3) Un mot illisible.

(4) Ce mot, fort bien écrit et non douteux, nous permet de lire *libraire* à une mention de 1560, concernant le même personnage, qu'on a trouvée plus haut.

han (?) *Jaucen le jeune*, a cause de la terre qu'il eut acquise de *Jehan Lachiese* dit *de Semenot* (?).

O. — Plus, sur Jehan Pourchet, paroisse St Pierre de Tulle, et ses parseniers (1), ung cestier froment et treze sols, pourtable a Tulle, a cause des boys, terre et champ appelles de Bessou, assiz aux apartenences dud. village, confrontant avec le domaine de La Praderie, et avec la vinhe de Jaques Guyoti (?) et sa femme, ung fuasse entre deux, avec ses autres confrontations — en fondalite et directite. — (Vante du 3e mars 1559, signe J. du Boix).

P. — Plus, sur le village et tenement de Leche, d'en paroisse de Naves, et sur Pierre dit Pitfendut et sur les hoirs de feu Jehan, dit Reboul, d'Aleyrac (2), ung cestier bled seigle et vi eyminaulx (?) avoyne, mesure de Tulle, ensemble le pacte (?) de rachapt de 30 s' et deux cestiers avoyne et 4 eyminaulx (3) chastaines sur led. village, acquis par Jehan Teyssier — en justice (4), fondalite et directite. — (Du ixe mars 1561. Signe du Mougene, notre royal).

Q. — Plus, sur Guillaume et Jehan Pinhot, de Serre, ung cestier bled seigle. mesure de Tulle, a cause d'un pre appele *del Novel*, assiz au village des Ortz, paroisse de Naves, confrontant avec ung pre de Guillaume et Jehan Petit, Serre et les parceniers, avec fondalite et directite. — (Vante du ve fevrier 1538, signe : Serazac).

Plus, sur le boys de Jaques Lafon, a pot tenu par Pierre Balazo, dit de Merier (?) scitue a (5)..... de rante, en directite..... III s.

R. — Plus, sur Guillaume de Serre ci dessus et les hoirs de feu Antholne Serre dit *lou Subtial*, une quarte de bled seigle. ung eyminal avoyne et six deniers en argent, a cause d'ung boys appelle de La Meyladarie, assiz aux apartenences du village des Ortz, paroisse de Naves, confrontant avec ung boys

---

(1) C'est l'ancien mot : *parcionaril*, co-possesseur.
(2) Aujourd'hui chef-lieu de commune, canton de Meymac.
(3) Une note emploie le mot *ras* comme synonyme.
(4) Le mot *justice* paroit avoir été biffé.
(5) Un mot illisible.

desd. de Serre et avec une combe et bouyge (1) de Davye de
Moncenadour, et avec ung autre boys desd. de Serre, qui a
autreffoys apartenu à Leonardou Solier, avec ses autres confrontations — en fondalite et directite. (Du v° avril 1539, signe de
La Roussie, not⁰ royal, recognoissance).

L'an mil v° iiii ˣˣ xv, Jean Serre, mareschal, autre Jean Serre,
fils a Thouny (2) ont recogau les susd. rentes de cinq quartes
seigle, ung eyminal avoyne et vi den⁰ argent a cause desd.
pieces, et m'ont paye les arreyrages jusques aud. jour, sauf
de la quatrieme partie. — Despuis m'ont paye lad. quarte partie
par contract receu par Peny.

S. — Plus, sur Leonardou Soulier et Johan Petit *Petrousie*,
a p⁰ᵗ du village des Ortz, paroisse de Naves, ung cestier froment, mesure de Tulle, a cause d'un moulin qu'il tient sur
l'eau de Coron (3° appelle le moulin de l'Estang de Saligourde,
confrontant avec le pre dud. Soulier et ses parceniers et avec
ung pro, terre et boyge appele *les Cuminalhes* de Serre, avec
s⁰ˢ autres confrontations, — en fondalite et directite. — (Vante
du xxvii° juin 1554. Signe : de Masdelmon).

T. — Plus, sur la vinho, par moy, M° Estienne Baluze,
advocat, a p⁰ᵗ possedee, et qui souloit apartenir a feu Johan
Peschadour, fils a Agnet, bouchier, confrontant a p⁰ᵗ avec le
pro des ceux (*sie*) du Capet, et avec la vinho de Pierre Loyac,
que souloit estre a feu M° Johan Dubal, le chemin entre deux,
avec ses aultres confrontations, troys cestiers froment, mesure
de Tulle — en fondalite et directite. — (Donation de lad. rante
du v° may 1535, signee Sodeilles. Recog° au pled d'icelle,
du v° octobre 1541) (4).

V. — Plus, sur Calmine Chabaniel, a cause d'un pro et
terre qu'il tient a La Berannye haulte, appelle *de Besson*, confrontant l'ung avec l'aultre, et avec ung pro des heritiers de feu
Johan Pintot Teyssier, et avec ung pro et terre de Leonard de

---

(1) *combe*, pente d'une colline, du côté de la vallée. *Bouige* ou *Bolge*, prairie
attenante à une habitation.

(2) Diminutif d'Antoine.

(3) *Coru*, ou plus communément la *Céronne*, affluent de la Corrèze, qui débou-
che en aval de Souilhac.

(4) Quelques mots biffés : *avec aultres recognoissance etc.*

La Beronnye haulte, et avec aultre pre de François Beaufes, marchant de Tulle, avec ses aultres confrontations, ung cestier froment, mesure de Tulle, et dix solz en argent, en fondalite et directite. (Vante de lad. rante du xxvie fevrier 1546. Receu par Serazac; aultre contract servant de recognoissance, du ve novembre 1538, receu par led. Serazac).

Led. contract d'acquisition de lad. rante a este communique a M. Pierre Chabaniel comme procureur dud. Calmine, son pere, au proces d'entre moy et led. Calmine pour le prement de lud. rante, par acte du xviiie avril 1606. Signe : F. de Jarrige, comme.... (1).

X. — Plus, sur Anthoine Laporte, dit *Boussoulou*, et cousturier de la pnt ville, a cause d'une terre qu'il tient aud. tenement del Champs la Garde, confrontant des deux coustes aux terres de Estienne Baluze, marchant: ung cestier seigle, mesure de Tulle, en fondalite et directite. (Investiture et recognoyssance du viie decembre 1556. Signe : de Soleillavolp). — (*Vendue a Calmine Baluse*).

Y. — Plus, sur Jean Peschadour, dit de Jaomy (?) et Pierre Bocat, a pnt Mre Jean Basselet dit Borie, a cause d'une maison qu'il tient dans l'enclos de la pnt ville, et au barry de La Redole, confrontant avec une maison de Michel Borie, avec autre maison de Jean de Beilles (?), a pnt de Jean Pinhot Laval, teyssier (2) de Tulle, et avec un solier (3) de Martin Ricard, pintier, par le dessoubz, a pnt dud. Laval, et avec autre maison de Belot dud. Tulle, une venelle entre deux, dix solz de rante foncière. (Vante du xxve de novembre 1535. Receu par J. de Sedelles; recogn° de lad. rante par led. Peschadour et Bocat, du xxixe mars 15 5 (sic) receu pr R. de Ceron).

Z. — Plus, sur Agnet Roger, sr de Besson, trente quintaulx de foin de rante fonciere, sur le pre appelle de La Prade de Besson, depandant du repaire noble de Besson, confrontant avec le chemin alant de Tulle au village d'Aleyrac, avec le

(1) Deux mots effacés.
(2) Tisserand.
(3) Emplacement, de *solare*.

pre de Fourchat et avec le pre des heritiers de feu M° Bertrand Duboys. (Vante dud. s' de Besson, du xiiii° sep^bre 1551, receu par Serazac) (1).

———

N° (2). Le contract de transaction fait entre Mre Jean Lachieze, procureur au siege de Tulle, tant en son nom que d'autre M° Jehan Lachieze, escolier, son filz et Jean Lafon et Marcelle Peschadour, sa femme, p^r raison de leur maison, est receu par Darche, not^re royal, le xxvii° decembre 1580.

Quittance de soixante cinq livres du dern' avril 1591.

Le contract de subrogation faite par M° Estienne Baluze, advocat et enqueteur au siege de Tulle, et Mre Anthoine Lafon, p^r raison de lad. maison, est du tiers jun 1582, receu par La Porte; plus je (?) ay note que dans led. contract, je me suys reserve de fere abattre une chemine qui est a la moyenne estation (?), qui est sans butte (?), et la fumee nous pourroit porter domage. Fault tenir (?) led. contract.

La ratification faite par Jean Lafon et Marcelle de Peschadour, sa femme, dud. contract, est du tiers janvier 1603, receu par le mesme Laporte.

M. l'advocat du Roy a retire de l'aff^e de Liouteyres, p^r la san^ce de competance, quinze livres p^r subvenir aux frais de l'aff^re contre les ellus p^r la preseance contre les officiers du sen^al, le vi° aoust 1610 (3) — plus dix livres p^r autre sant^ce de competance p^r le s^r de Puy la Garde d'Argentat, qui fust dattee du xiii avril 1610.

———

— Le tiers du moys de sep^bre 1597, je, Estienne Baluze, partis de la present ville de Tulle pour aller a Paris, pour poursuivre l'office d'enq^teur au siege royal de la p^nt ville, contre

———

(1 Ici finit la petite lieve de Champ-la-Garde et de la Marson, dont nous n'avions d'abord pensé à donner que quelques extraits; toutefois, comme elle contient la mention d'un très grand nombre d'actes concernant la famille Baluze et pouvant servir à compléter sa généalogie et son histoire, il nous a paru préférable de la reproduire intégralement.

(2) Ces notes se suivent dans le texte et paraissent constituer un mémento particulier. Aussi, bien qu'elles se rapportent à diverses dates, ne les avons-nous pas séparées.

(3) Ces querelles de préséance, souvent sujet de longs procès, sont fréquentes sous l'ancien régime.

Mᵉ Guillaume Maruc, lieutenant general aud. siege, qui m'a-
voit faict assigner au prive conseil du Roy pour raporter les
provisions dud. office et offroit l'encherir, a la charge qu'il fust
reuny au sien, suyvant l'edict de Bloys.

Je fus de retour dud. voyage le penultiesme octobre aud. an,
et maintenu en la possession dud. office d'enqᵗᵉᵘʳ et mis en possession relle le landemain, dernier dud. moys d'octobre 1597,
par Mᵉ Pierre de Loyac, lieutenent particulier, en absance dud.
Mᵉ Guillaume Maruc, lieutenᵗ genᵃˡ, qui estoit a Paris, contre
Mʳ de Favars, conᵉʳ au Parlement de Bourdeaux.

— Le xɪxᵉ jour du moys de janvier mil six cens, jour de mecredy, entre les quatre et cinq heures du matin, nasquit Marie
de Baluze, ma fille et de Marguerite de Tramond, ma femme,
et feust baptize le mesme jour, environ les huict heures du soir,
en l'esglize St Jullien de la pⁿᵗ ville, par Mʳᵉ Pierre Chauchet,
prebtre, comme vicaire de Mᵉ Gounyn (1) Fourestic, cure de
lad. esglize : de laquelle fust parrin Mᵉ Fourton (2) Baluze,
prebtre en lad. esglize. mon frere, et Peyronne de Bourderie,
femme au sire Anthoine Tramond, mon beau frere ; et parce
que je l'avois destinee a aultre marrine, luy fis pourter le nom
de la tres sainte Vierge mere de Dieu, Marie ; a.la naissance
de lad. Marie regnoit la planete Mars, lequel lui promet etc. (?)
Baluze.

*Le xɪɪɪᵉ de May 1606, jour de Pantecoste, ladite Marie fust
confirmee (3) en la grand esglize de la pⁿᵗ ville par Mʳ l'e-
vesque de Leytoure, qui est de la maison des Plas de Curemonte (4) ; et fust confirmee le mesme jour, ou troys ou quatre
apres, plus de six cents tant petits que grands, ayant la
present ville demure sans evesque plus de dix ans.*

— Le xɪxᵉ jour d'avril 1601, j'arrive de Bourdeaux, ou j'estois

---

(1) Forme familière d'Hugonin, diminutif d'Hugues.

(2) De *Fronto, Frontonis*, Front.

(3) On sait qu'au lieu de se donner comme aujourd'hui vers l'époque de la première communion, la confirmation n'était autrefois conférée qu'à de longs inter-
valles et à des fidèles de tout âge.

(4) L'évêque de Lectoure était alors Léger de Plas, qui prit cette année-là même
un coadjuteur. Il administra le diocèse de Lectoure de 1599 à 1635, date de sa mort.
Le diocèse de Tulle avait pour évêque Jean V de Genouillac de Vailiac, qui résida
peu.

alle pour la sollicitation du proces contre Tramond; et estois party de la p⁰ᵗ ville p' aller aud. Bourdeaux le (1).

— Le viiiᵉ de may 16J1, je partis de la p⁰ᵗ ville pour aller a Bourdeaux, pour l'affere de mon cousin Mᵉ Pierre Baluze, praticien aud. Bourdeaux, pour raison de l'assasinat de Jehan de Nau, a cause de la lettre qu'il m'en avoit escrit par homme expres, et fus de retour dud. Bourdeaux le xxᵉ dud. moys, a une heure apres minuict.

Le quatriesme du mois de juin 16J1, a la priere de Mᵉ Pierre Baluze, praticien, je partis de la p⁰ᵗ ville pour aller a Bourdeaux, pour la composition de l'assasinat commis par luy en la personne de Jehan de Nau, ou je secourus pour lad. affere jusques au quatriesme d'aoust ensuivant, lequel jour je partis dud. Bourdeaux et arrive en la p⁰ᵗ ville de Tulle le viiᵉ dud. moys d'aoust, une heure de nuict (2).

— Le xiᵉ aoust 1601, Jehan Baluze plus jeune partist de la present ville de Tulle pour aller a Paris, trouver autre Jehan Baluze, mon frere, qui faict les affaires de la maison de Rahat (?).

Le xiiiᵉ juillet 1613, led. Jehan Baluze retourna de Fournes (?) en ceste ville.

Le xviᵉ avril 1614, mond. frere Jean s'en retourna a Paris trouver MMᵉˢ de Rahat, en la companie de Dufaure, qui demeure u service du sᵉ baron de Rahat.

Led. Jehan, quelque temps apres, fust mis aux gardes du Roy, soubz le sᵉ Tilladet, cappⁿᵉ des gardes, ou il a demeuro.

Le jeudy, dernier de mars 1622, mond. frere Jehan partist de la present ville p' s'en aller a la guerre avec quelques soldatz estrangers arrives en lad. ville pour recovrer d'autres soldatz qui avoient quitto leur companie : ce qu'il fist contre mon gre et advis, et de tous noz parens et amys (3).

---

(1) La date est restée en blanc.

(2) Ainsi la durée moyenne du voyage entre Tulle et Bordeaux était alors de trois jours.

(3) Ces notes se faisant suite dans l'esprit du rédacteur du manuscrit, nous avons cru ne pas devoir les séparer pour les placer chacune à sa date.

— Le xxvii° jour de septembre 1601, jour de jeusdy, feste de St Cosme et St Damien, il gela si tres fort sur la matinee que la vendange se perdist, ensemble les chastanhes, et n'y demeura rien, telement que le reste (1) du bled augmenta le samedi ensuyvant de xii s. la carte (2) et ne s'en trouvoit pour de l'argent, les fermiers et autres usuriers ayant ferme leurs greniers aud. temps. Le reste (3) du bled ne se vendoit que xvi ou xvii s. ou xviii.

— Le mesme jour, nasquit Monseigneur le Dauphin, premier filz du roy Henry 4, roy de France et de Navarre. Que Dieu luy doint sante et longue vie et le fase regner si hereusement que son pere au soulagement de ses subiectz (4).

— Le jeudy matin, iii° jour de janvier 1602, je partis de la p^nt ville pour aller à Bourd^x, pour mon beau frere de Meynard, pour la descharge de la tutelle des enfans de feu Mre Francois Meynard, vivant president au siege de Brives; et fus de retour le xviii° jour de feb' audit an.

— Le xv° jour de mars 1602, Mr Me Pierre de Fenis, lieuten. (5) au siege de la p^nt ville, fut mis en possession dud. office par Me Pierre de Loyac, lieut' part' audit siege, a jour de vendredy.

— La samedy, 22° du moys de feb' 1603, a neuf heures du matin, tandant a dix, nasquit Penelle de Baluze, ma seconde filhe et de Marg^te de Tramond, ma femme. Et fust baptisee en l'esglize de St Juillen par Me Anthoine Baluze, vicaire en lad. esglize; et fust son parrin M° Jehan Meynard, app^re, mon beau

---

(1) Ce qui n'avait pas été encore vendu : la partie de la récolte restant en grenier

(2) Soit une augmentation de 43 s. le setier, c'est-à-dire équivalente à trois fois le prix normal du setier de seigle, qui était d'environ seize sols. Ces hausses formidables, que nous ne pouvons plus comprendre, n'étaient pas rares sur les anciens marchés.

(3) Il faut entendre : l'autre partie de la récolte; celle qui s'était vendue avant la gelée.

(4) On lit ailleurs : « Le xxvii° septembre 1601, jour St Cosme et St Damien, nasquit Monseign' le Dauphin, fils au roy Henry le Grand, quatriesme de ce nom. Dieu loy doint vie longue et hereuze. »

(5) Lieutenant général en la sénéchaussée royale.

frere, et Anne de Malaurie, filhe a feu Mre Jehan Malaurie, chirurgien, pour et au nom de Penella de Tramond, sa mere, femme au sire Pierre Beaune, marchant de la ville d'Userche : la lune ayant unze jours et soubz la planette de Jupiter. — Baluze.

Lad. Penelle mourut le samedy, xxe d'aoust 1605, entre huiet et neuf heures du matin, et fust ensevelie le landemain, en l'esglize St Juillen de la pnt ville.

— Le jeudy, xixe du moys de juin 1603, je partis de la present ville de Tulle pour aller a Paris, pour Mr Fenis, sr de Condailles (1), pour la poursuitte de l'office de juge de lad. ville et aultre proces contre le Sr de Gimel, et fus de retour en la pnt ville le xixe aoust aud. an.

— Le samedy, sixiesme de sepbre 1603, il apparust en la pnt ville, sur les dix heures du soir, une grand clarte, et sembloit, a la voir de nostre maison, que ce fust au derriere le Puy St Cler (2), qu'il sembloit que ce fust l'aube du jour, et des rayons tous rouges, qui escleroyent : icelle dura environ une heure et demye. Le mesme soir, il parust sur le quay du Louvre, a Paris, des gens armes, et on oyoit un grand cliquety des armes comme de gens combatans, comme il fust escrit par Mr de Fenis, sr de Condailles, qui estoit aud. temps a Paris.

— Le 2e jour de novembre, jour des Trespasses, aud. an 1603, a une heure apres minuict, il fist ung si grand orage de vent et de gresle qu'il abatist plusieurs maisons et granges et grand quantite d'arbres en ce pays, que c'estoit chose estrange de l'ouyr dire seulement.

— Le xxviiie febvrier 1605, je partis de la pnt ville pour aller a Bourdeaux pour la poursuitte du proces contre Mre Jean Duboys, procureur au siege de lad. present ville, Cathorine Duboys, sa sœur, et Claude Bureau, comme pere et legitime administrateur de ses enfens et de feu Sabin Duboys, et Marie Dumas, leur mere (f)

---

(1) Condailles, commune de Gimel.

(2) Cimetière de Tulle, au nord de la ville.

Je fus de retour dud. Bourdeaux et arrive en la present ville le mardy sainct, vɪᵉ d'avril aud. an 1605, sans avoir heu expedition dud. proces.

Le xᵉ may aud. an 1605, je retournay a Bourdeaulx pour la poursuitte du susd. proces, et fus de retou^r en la p^nt ville le xxvɪɪɪᵉ de juillet ensuivant, ayant heu expedition dud. proces le xᵉ dud. moys de juillet, au rapport de Mʳ du Bernet (1), con^er du roy en lad. cour.

— Le xɪɪɪᵉ octobre 1605 (2), logent en la present ville huit companies des gardes du Roy conduittes par le sʳ de Teiladat, en nombre de douze a quinze cens bouches, et y coucherent; et le landemain, prindrent leur chemin vers Lymoges par le commandement qu'ilz avoyent heu pour aller trouver le roy aud. Lymoges ou Sa Mageste devoit arriver (3).

— Le mecredi, xɪɪᵉ dud. moys d'octobre 1605, le soleil s'ec-clipsa a une heure apres midy, et dura lad. ecclipse environ

---

(1) Ce conseiller appartenait à la même famille que Joseph du Bernet (al. du Bernet), avocat général au Grand Conseil à vingt-un ans, puis premier président au Parlement de Provence, enfin premier président à Bordeaux, où il avait été quelque temps président à mortier (Bibl. Nationale, man. français 20,793). Joseph du Bernet, chassé de son siège par la Fronde, vit piller sa maison de campagne et vendre tous ses meubles à l'encan. Il se retira à Limoges, pays de sa première femme, et y mourut, le 18 (al. 19) mai 1653. Il fut enterré à Saint-Pierre-du-Queyroix, dans la chapelle des Benoît, où se lisait encore, à la veille de la Révolution, son épitaphe gravée sur une plaque de marbre noir. — Il avait possédé le château de Crochat, près Limoges.

(2) Ce même jour, 11 octobre 1605, le roi arrivait à Limoges.

(3) Les *Annales manuscrites* de Limoges nous apprennent que le roi, arrivé dans cette ville le 11, ne voulut pas y faire ce jour là son entrée solennelle et n'y fut reçu que comme vicomte. Henri IV désira sans doute attendre que les troupes, appelées de divers points, fussent réunies. Le 20 octobre, seulement, on lui fit une réception conforme aux usages. Il quitta Limoges le 23. Le tome II des *Registres consulaires* (vol. 3 de la publication en cours) donne, p. 83 et suiv., un récit détaillé des cérémonies et des fêtes auxquelles donna lieu cette entrée.

Le voyage du roi avait été motivé par la conspiration du maréchal de Biron et l'agitation qui s'était produite à cette époque dans la contrée. Un certain nombre de seigneurs furent emprisonnés et parurent devant les juges des sièges royaux. Cinq gentilshommes, deux du Quercy : le baron de Calvoyrac et le capitaine Mathelin, son frère ; deux du Périgord : les seigneurs du Chassen et de Penlgourlon, et un du Limousin, Louis Renaud de Gris, furent condamnés à mort comme convaincus du crime de lèse majesté, et exécutés au pilori des Bancs, à Limoges, le 23 décembre 1605. Leurs têtes furent exposées au-dessus des quatre portes de la ville.

deux heures, et vint si obscur comme si c'estoit nuict et entre chien et loup.

— Le dimanche, xv° janvier 1606, a dix heures du soir, nasquit Francoyze de Baluze, ma fille et de Marg^te de Tramond, ma femme, et fust baptizee en l'esglize St Jullien de la p^nt ville par (1)   vicaire de lad. esglize. Et fust son parrin le sire Perrin Beaune, marchant de la ville d'Userche, et sa merrine Francoyze de Baluze, ma seur, femme de Me Jean Meynard, appoticaire, le xix° dud. moys et an. — Est a noter que lad. Francoyze est nee soubz la planette du soleil, et le sixiesme jour de la lune, tendant au septiesme. — Baluze.

Le viii° novembre 1607, lad. Francoyze deceda sur le minuict dud. jour, et fust ensevelie le landemain, en l'esglize St Jullien, dans nostre vas.

— Le xiiii° jour de septembre mil six cens six, je paye a Mr Fenis, en deduction de 45 s que luy doibs par deux cedulles, cinq^te livres, de laquelle somme il mist *soloit* souz une cedulle de vingt et cinq escuz. — *Despuis ay paye le tout et m'a rendu mes promesses.* — Baluze.

— Le xxvi° jour de mars mil six cens sept, je partis de la p^nt ville de Tulle pour aller a Paris, p^r l'office de commissaire examinateur, et fus de retour en lad. p^nt ville le x° du moys de may ensuyvant, apres avoir esté receu aud. office (2) par Mrs Durand et Langlois, com^res du roy et m^res des requêtes ordinaires de son hostel, commissaires deputes pour cest affaire, et fus mis en possession reelle dud. office par Me Mre Pierre de Fenis, Con^er du roy et son lieuten^t gen^al au siege de la present ville, le quinziesme jour dud. moys de may, audit an.

— Le jeudy au soir, xxix° novembre 1607, Me Mre Pierre de Fenis, con^er du Roy et lieuten^t gen^al au siege royal de la p^nt

---

(1) Un blanc.

(2) Et payé la finance, bien entendu. — Les sièges et juridictions commençaient à être encombrés d'offices qui ne répondaient pas toujours à des besoins réels.

Sous Louis XIV, cet abus fut poussé fort loin à la fin du règne, surtout, où les malheurs publics et les exigences de la guerre firent trop souvent mettre en oubli la prudence et les sages maximes de l'administration de Colbert.

ville (1), allant executer un arrest de la cour de Parlement de
Bourd. en la parroisse St Bonet Alverg (2), s'en retournant le
mesme jour dud. lieu, et s'estant retire a St Sylvain (3), p'
n'avoir temps p' se randre en lad. pr°¹ ville, sur les neuf heures du soir, fust surprins dans ung logis ou il s'estoit retire p'
coucher, par le s' St Chemens (4), lequel s'estoit rendu aud.
lieu, accompagne de dix ou douze chevaux. Ayant mis pied a
terre avec troys aultres de ses complices, seroit entre en la
chambre dud. s' lieuten', ou l'ayant trouve lisant ung livre,
l'auroit jette par terre, ayant les pistoletz a feu et espee nue en
leurs mains, et apres luy avoir donne plusieurs coups de pied,
l'auroient despouille tout nud de la ceinture en hault, et releve
chemize sur la teste et luy auroit donne les estrivieres longtemps, et apres luy auroyent coupe la barbe du couste droit ;
et apres seroit alle a l'estable, et coupe le jarret de son cheval
p' le derrier, don il seroit mort quelques jours apres. Led. s'
lieuten' estant en companie de M'° Lagarde, procureur, son
beau frere, de M' Antholne Teyssier, M'° Pierre Maillard, son
greffier et de son laquay ; lequel Teyssier ayant esvade la furie
desd. malfaiteurs, se seroit rendu en lad. present ville environ
une heure apres minuict, en la maison du s' de La Prade, pere
dud. Lieuten', lequel ayant este adverty, auroit convoque les
habitaus de la p°¹ ville a mesme instant, et environ l'heure de
troys heures apres minuict, se seroit trouve desd. habitans en
nombre de quatre ou cinq cens, tant a pied que a cheval, prestz
pour aller a St Sylvain, sans ce que led. s' Lieuten' arriva a la
mesme heure, en companie des susd. et du cadet de Chanson
et de La Maurie de Curemonte et Pierre (?) du Molin d'Arnac
qui le conduisoient en lad. present ville, ou estant arriva,
auroit faict appeler M'° les officiers du siege, maire et consulz,
medecins et chirurgiens, p' informer de ses (sic) excez et leur
fere sa plainte (5).

(1) D'Hozier fait mention de cette affaire.

(2) Saint-Bonnet-Elvert, aujourd'hui commune du canton d'Argentat, arrondissement de Tulle.

(3) Aujourd'hui commune du même canton d'Argentat.

(4) Saint-Chamant est aujourd'hui une commune du canton d'Argentat.

(5) Les épisodes de ce genre, provoqués le plus souvent par des haines de famille, n'étaient pas très rares à cette époque, et les *Grands Jours* eurent souvent à
s'occuper de faits semblables, qui avaient eu une issue plus tragique.

— Le dimanche, xvi° mars 1608, M° Jean de Fenis, advocat en la cour de Parlement de Bourdeaux et juge ordinaire de la la ville de Tulle, deceda environ l'heure de deux heures apres midy, en sa maison de Porte, qui estoit ung de mes plus grands amys, d'une (1).   Il fust ensevely le landemain, en l'esglize St Pierre de la p°t ville, en la chapelle St (2)   , aud. sieur de Fenis apartenant.

— Le mardy, xxi° octobre 1608, environ les troys heures apres midy, nasquit Jean Charles de Baluze, mon cinquiesme enfent et second masle, et de Marg¹° de Tramond, ma femme, le xiii° de la lune, soubz le signe de Mars; et fust baptise en l'esglize St Juillen de la p°t ville par M° Francoys Trech, vicaire de lad. esglize, le (3)   jour de juin 1609 : duquel fust parrin mon frere, M° Forton Baluze, cure de Pradines (4), qui le porta pour et au nom de mon frere, M° Jean Charles de Baluze, intendant de la maison de Rabat, absent du p°t pays,— et Anne de Tramond, femme a sire Jaques Dumas, marchant, ma niepce. — BALUZE.

— Le samedy, xxii° novembre 1608, je partis de la p°t ville de Tulle p' aller a Paris p' la poursuitte du proces que j'avois au Conseil prive du Roy contre M. Francoys Jarrige, Lieuten' criminel, et Jean Maruc, con°r au siege de la p°t ville touchant mon office de commissaire examr; et fus de retour le jeudy, xii° de fevrier 1609, ayant gaigne ma cause contre lesd. Jarrige et Maruc avec despens, par arrest dud. con°l du xxi° janvier aud. an 1609.

— Le samedy, xviii° avril 1609, veilhe de Pasques, il gela si tres fort que toutes les viuhes de ce pays en perdirent (sic), ensemble tous les noyers, et ne fust jamais veu une telle desolation ; car on heust dist que le feu avoit passe partout (5).

— Le mecredy, dernier jour de sepbre 1609, je partis de la p°t ville de Tulle p' aller trouver mon frere, intendant de la

---

(1) Deux mots que nous n'avons pu déchiffrer.
(2) Un blanc.
(3) Un blanc.
(4) Commune du canton de Bug:at, arrondissement d'Ussel.
(5) Les mêmes ravages sont signalés dans le Haut-Limousin.

maison de Rabat, au lieu de Fournels (1), en companie de
Mr Fourton Baluze, notre frere, pr la cure dud. Fournels, et fusmes de retour le dimanche, dix huitieme d'octobre aud. an.

— Le jeudy, xve d'avril 1610, je partis de la pnt ville de
Tulle a la priere de Mr Fenis, Lieutenal genal au siege royal
dud. Tulle, pour aller querir Madelle de Meynard (2), sa seur,
en la ville de Castres en Albigeois, ou elle estoit en la conpa-
nie de Mr le Président de Lestang, pr la conduire en son mes-
nage en la pnt ville, estant accompagne de Mr Teyssier, filz a
Mr le general ; et fusmes de retour le samedy, huitiesme du
moys de may, aud. an 1610 ; laquelle fust conduitte par Madame
la presidante de Lestang, et luy fust faicte une fort belle entree
par les habitans de lad. ville, desquelz environ cinqte a cheval,
conduitz par M. Fenis, sr de La Prade, pere aud. sr lieutenent,
la furent trouver jusques en Dersas(3) ; et furent rencontre dans
une terre, pres le village de Poyssac (4), par les arquebuziers
conduitz par Mr La Garde, advocat et more (?) de lad. ville, et
par Mr Meynard, president en l'Ellection ; et estant arrives en
coste ville, fust visitee par lesd. maire et consulz, avec la
livree de la ville, et par les officiers dud. siege en corps, et par
Mrs du chapitre, qui luy randirent beaucoup d'honneurs.

— Le roy Henry 4 fust thue, dans ses carrosses, d'un coup
de cousteau, a Paris, rhue de La Ferronnerie, le xiiie may 1610,
par Francoys Ravaillac, praticien, natif d'Angoulesme, dont
tout le peuple en France demura fort estonne, ayant perdu un
si bon roy, qui nous avoit donne la liberte des guerres (5) en
France. Le mesme jour, la Royne fust declaree regente (6) par la

(1) S'agit-il de la paroisse de Fournel, aujourd'hui commune de l'arrondissement
de Marvejols (Lozère).

(2) De Meynard de Lestang, famille de Brive. — M. de Meynard était alors président en l'élection de Tulle.

(3) Dersa ou Endersa, commune de Saint-Hilaire-Peyroux, canton nord de Tulle.

(4) Poissac, commune de Chamoyrat.

(5) Qui nous avait délivré des guerres.

(6) Les consuls de Limoges envoyèrent sur le champ deux d'entr'eux à la
régente pour protester de leur fidélité. Les registres de l'hôtel-de-ville de Limoges
fournissent, sur la manière dont ces délégués furent reçus à la cour, d'intéressants
et curieux renseignements. Beaucoup de villes avaient suivi cet exemple. Il ne paraît pas que Tulle ait été de ce nombre.

cour de Parlement, et le lendemain, Monsen' le Daulphin fust corone Roy par led. cour, estant assamble avec les princes et les grands seigneurs aux Augustins de Paris.

— Le jeudy, xxiiii° febvrier 1611, je partis de la p⁰¹ ville de Tulle pour aller a Bourdeaulx, p' la poursuitte de la veriffication des lettres patentes du Roy octroyees en faveur des assesseurs et commissaires exãminateurs. Et fus de retour le mecredy au soir, xvi mars ensuivent.

— Le jeudy, xvii° novembre 1611, sur les quatre heures du soir, mourut M°° Jean Depre (3), Procureur du Roy au siege royal de la p⁰¹ ville, et fust ensevely le landemain aux Cordeliers d'icelle ville (?), en la chapelle St Michel, apartenant a M°° les Depre.

— Le samedy, xxiiii° decembre audit an 1611, sur les unze heures du soir, mourut sire Leonard Beaufes, bourgeois et marchant de Tulle, et fust ensevely le lundy, xxvi° dud. moys, en l'esglize St Pierre dud. Tulle.

— Le vendredy, second du moys de mars 1612, entre neuf et dix heures du soir, premier de la lune, nasquit Martial Baluze, mon troysiesme filz masle, et de Marg¹° de Tramond, ma femme; et fust baptize le landemain, sur le soir, en l'esglize St Jullien. Et fust son parrin M' Martial de Fenis, s' de la Prade, et juge ordinaire de la p⁰¹ ville de Tulle, et marrine Jeanne de Loyac, veufve de feu M' Antholne Baluze, en son vivant procureur au siege royal dud. Tulle, ma tante. — BALUZE.

— *Le dimanche, xv° juillet aud. an 1612, led. Martial deceda et fust ensevely le lendemain en l'esglize St Jullien, dans nostre cas et sepultures qui est soubz la chaire de lad. esglise.*

— Le v° mars 1612, qui estoit le lundy gras, deceda le sire Jean Maruc, bourgois et marchant de la p⁰¹ ville de Tulle, environ les unze heures du matin, et fust ensevely a la grand esglize le landemain.

— Le mardy, xxii° may 1612, je partis de la p⁰¹ ville p' aller en la ville de Bort pour fere l'enq¹° de Michel Nicaud, au nom de mary, contre Jean et autre Jean Teyssier dud. Bort, et fus de retour le lundy apres, xxviii° dud. moys de may, sur le midy.

— Le vendredy, viii^e de jun 1612, jour St Medard, (?) il pleust si tres fort sur le soir et jusques au landemain matin, que la riviere de Correze et celle de Solane se debordarent si estrangement qu'il n'y avoit personne qui les heust veues en sa vie se deborder en ceste saison, et arracharent et emportarent plusieurs arbres des environs.

— Le lundy, xxix^e juillet 1612, vint demeurer ceans Jaques Lafon, filz a Bras-de-Fer, de la ville de Meymac (1), p^r l'instruction de Jean Charles Baluze, mon filz, moyenant dix oscuz de pension que sond. pero m'a promis pour un an, et m'a paye sept livres dix solz p^r le premier quartier (2).

— Le samedy, xxii^e sep^{bre} 1612, je partis de la p^{nt} ville, a la priere de Mr Fenis, lieuten^t gen^{al}, p^r aller a Lymoges trouver le s^r Ahelly, recapveur gen^{al} aud. Lymoges, p^r luy bailler lettres de creance touchant le proces verbal de Palays, sergent et de la lettre (?) missive par moy baillee aud. Palais; et fus de retour en la p^{nt} ville le mecredy, xxvi^e dud. moys.

— Le xvi^e juillet 1613, entre minuict et une heure, il fist un si grand orage que la riviere de Coureze de la p^{nt} ville deborda si tres fort que les plus anciens de la ville disoyent ne l'avoir jamais veue si debordee en ceste saison. La tempeste ruina ceste nuict la plusieurs parroisses et abatit une grand quantite d'arbres, soint chastaniers, noyers, que autres, et ruina les bleds, avoynes et froment, mesmes ez parroesses de Seilhac, St Salvadour, Orlhac et autres; et ruina troys boys chastanietz a moy aparten. au village de Cressac, parroisse susd. d'Orlhac.

— Le xxvii^e novembre 1613, je m'oblige p^r Renne (?) de Polet a un nome Pierre Colom (3) faisant p^r les Mouliniers (4) de Lymoges, de la somme de 214^{ll} payable dans six moys. Le contract receu par Bonnet, not^{re} royal; lad. somme a este du

(1) Aujourd'hui chef-lieu de canton, arrondissement d'Ussel. Il y avait à Meymac une importante abbaye de Bénédictins.

(2) Nous avons trouvé dans plusieurs livres de raison des indications analogues. Les registres de famille des Péconnet, de Limoges, notamment, nous en ont fourni.

(3) Les Colomb étaient une très ancienne et riche famille de Limoges.

(4) Famille bourgeoise bien connue de la même ville.

despuis payee par led. Renne a diverses foys. La dern^{re} quittance faite au logis St Jaques (1), l'an 1618, receue par Eyrolle, not^{re} royal.

———

M^r le Lieutenant gen^{al} me doit huict vingtz livres, qu'il print du Con^{er} Maruo, p^r nostre accord du despuis a moy adjuge par arrest du Conseil prive.

Sur quoy je luy dois quatre pistolles, qu'il m'a preste a Paris, dont il a cedulle de moy, qu'il fault retirer ; de laquelle M. de Fonpadier, son frere, doit payer la moytie p^r avoir este employee aux frais de notre retour de Paris, qu'il faudra luy demander apres avoir retire lad. cedulle.

Je (2) dois aussy douze ou quinze escuz qu'il me bailha pour luy acheter au (3)   un manteau de velours, lorsque j'alle a Paris p^r acheter l'office de commissaire extraordinaire (Y), l'annee 1607.

Plus, luy dois vingt escuz qu'il a paye a M^r le Recepveur Loyac, que je luy debvois par cedulle, laquelle il faudra retirer en faisant noz contes. [Cela a este fuict] (4).

Fault aussy retirer quittance dud. s^r Lieutenant gen^{al}, du voyage que feis en Languedoc, p^r aller querir Mad^{elle} la Lieutenante, sa femme, parce que luy ay rendu comte, qu'il a retire.

———

Presta a mon beau frere de Meynard, sur une double pistole (5), une pistole, troys doubles ducatz a deux testes (6) et cinq escuz au soleil (7) : vingt escuz.

———

(1) On a de nombreux exemples d'actes de notaires passés dans les hôtelleries, surtout aux époques des grandes foires.

(2) Ce paragraphe a été biffé.

(3) Un mot illisible.

(4) Note d'une date plus récente.

(5) La pistole d'Espagne, assez commune alors en France, valait de onze à douze livres, équivalent à environ 45 à 48 fr. d'aujourd'hui. La double pistole valait deux fois plus.

(6) Le ducat était une monnaie étrangère. Le ducat d'or, reçu en France dès le xvie siècle, avait en 1540 une valeur moyenne de plus de 46 sols. Le double ducat ou ducat à deux têtes d'Espagne et de Flandre, très commun sous Louis XIII, avait une valeur de 10 livres, correspondant à 35 à 40 fr. d'aujourd'hui.

(7) Tous les rois au xvie et xviie siècles ont frappé des écus au soleil, de valeurs assez diverses.

Plus, luy ay presté six escuz en pieces dix solz.

Plus, ay randu a son pere, lesd. troys doubles ducats a deux testes, lorsqu'il estoit malade, pour bailler a ung marchant de Lymoges.

Reste qu'il me doit pour ci dessus, comprins lesd. six escuz, quatorze escus deux tiers................. xiii ʙ: (1) ii ᴛ.
(Reste 42 l. 5 s.).

Plus, reste mond. beau frere, de sinct escuz qu'il receut, au nom de mon pere, de Anthoine Masdelmon. mestayer de La Praderie, pour bailler a Dumine (2) Teyssier : quatre livres, parcequ'il n'en bailla que vingt livres aud. Teyssier. . iiii ʟ.

Plus, doit les frais que mon frere Jehan a fait et fourny pour luy a Bourdeaux, a la poursuite du proces que led. Meynard a contre ses oncles, qui sont inseres dans ung compte que mond. frere luy envoya dud. Bourdeaux, et lesquelz frais j'ay payo et fourny, que monlent envyron trente cinq a quarante escuz; sans comprandre les journees et vacations. Pour ce........ 35 ʙ.

Plus, ay fourny pour luy, estant a Bourdˣ, pour retirer les sacz contre ses oncles de Capet, do ches mʳ de Ramond. xvi ᵍ.

Plus, pour lever l'arrest de forclusion de preuve, contre lesd. Capetz... xv s.

Plus, pour faire chercher la taxe do despens contre Forget, a Trainhac (3), paye, do l'avis de M. Fine, son procureur, au grefflor Mentet..................................... x s.

Plus, pour des letres pour fere assigner Forget de Trenhac, en desertion d'appel, paye....................... xxx s.

Plus, pour une consultation du proces contre Jaques Maruc touchant le bouriage de Couzen, paye a troys advocatz, a Bourdeaux, que luy ay envoye dud. Bourdeaux.......... vii ʟ.

(1) Le signe indicatif de l'écu, dans les comptes de Baluze, est une sorte de V fermé ou de triangle, le sommet en bas. Nous retrouvons ce signe dans plusieurs livres de comptes des xvᵉ et xv1ᵉ siècles, notamment dans celui des Massiot de Saint-Léonard et des frères Roquet, de Beaulieu.

(2) Nom assez rare, qu'on retrouve pourtant encore aux environs de Ginol. L'église de cette localité possède la buste de saint Dumino, que nous avons étudié avec intérêt à l'Exposition de Tulle.

(3) Treignac, chef-lieu de canton de l'arrondissement de Tulle. Il se tenait à Treignac, dès le moyen âge, des foires et des marchés d'une certaine importance.

Au clerc de l'advocat Letaillet (?) qui dressa lad. consultation.. v s.

Plus, luy ay bailhe, comme apert par un brevet escrit de sa main, cent cinq escuz trante deux sols...... 105 e. 32 s.

Plus, luy ay bailhe, le xxii sep^bre 1595, cinq escuz en or... xv ll. xvi s.

Monte, tout comprins, ce que j'ay bailhe ou fourny pour led. Meynard, mon beau frère, huict vingtz escuz sept solz, ci .... 160 e. xxxvii s.

N^a (1) que je baille aud. Meynard xix ll. de (2) p^r vandre a Orilhac (3) d'Auvergne, qui furent vandut dix sols la livre. en l'an 1601.

Le xviiie jun 1614, preste a mond. beau frere de Meynard, p^r envoyer a la Rochelle, vingt et hut livres, que je baille a ma seur (?), a sa boutique.

Plus, ay baille aud. Meynard dix neuf livres de cuivre pour porter a Orlhac d'Auvergne, qu'il me promist randre.

Faict conte aud. Meynard cinq pieces et demye de seze solz qu'ay fourny p^r luy, a Paris, p^r la procuration consentie par le s^r marquis de Malauze (?) p^r retirer les biens adjuges a Jaques Maruc contre Gouttes de Couzon, en aoust 1616.

Plus, me reste mond. beau frere, du voyage que je fis a Brives p^r la tutelle des enfans de feu president Meynard (4) par le conte que luy ay bailhe en l'annee 1602..... vi e. xv s. vi d. oultre quatre escuz qu'emprunte (5) de M^r le Lieutenant general (6) et (?) qu'il faut rembourser.

N^a que j'ay preste a mond. beau frere dix sept trefz (7) ou chevrons p^r retenir sa maison, lorsque l'eslu (?) Maruc repara

---

(1) D'une écriture postérieure, ainsi que les notes suivantes.

(2) Un mot illisible.

(3) Les foires d'Aurillac étaient très suivies par les habitants du Bas-Limousin. Il en est parlé au livre de raison de Pierre Doumailh, notaire à Gros-Chastang, et à divers autres documents du xiiie au xviie siècles.

(4) Nous avons déjà rencontré plusieurs mentions de cette affaire.

(5) Peut-être faut-il lire *empourte*.

(6) Pierre de Fénis? ou son prédécesseur.

(7) De *trabes*, poutre, grosse pièce de bois.

la sienne et rebati la murailhe du coste du Trech, valant vm^{ll} et x°; plus, luy preste dix colomnes p^r fere un moyeu (?) a son celier, valant m^{ll}.

———

Paye a ma tante de Pabot cinquante quatre escuz et demy. que feu mon pere devoit a son filz par une cedule, et ce le xu° decembre 1592.

Et le mesme jour, paye aussy a mad. tante, que ma mere luy devoit : trante troys livres cinq solz six deniers.

Paye a mon cousin Mailhard, le vu° decembre, vingt livres, restans de la somme de vingtz escuz que feu mon pere avoit emprunte dud. Mailhard par une cedulle.

Paye au sire Jehan Meynard la somme de vingt escuz que feu mon pere luy devoit par ung oblige, le premier de decembre 1591.

Paye au sire Jehan Maruc, le premier de decembre audit an 1591, la somme de cent escuz que feu mon pere avoit emprunte dud. Maruc pour la remise de la ville (1), ensemble quatre vingt douze escuz, tant pour les despans du proces et interestz, ausquelz avons este condamnes par arrest de la cour.

Paye aud. Maruc, le tiers dud. moys de decembre 1591, la somme de vingtz escuz, pour marchandise que ma mere avoit prins de luy.

Plus, le septiesme dud. moys de decembre 1591, paye a ma cousine, la Catherine de Pabot, la somme de troys escuz, a cause de pain blanc qu'avons prins d'elle.

Plus, ay balhe au mesme temps a Jehan Jarrige, du boys qu'avois prins de luy, huict livres.

———

— Fault noter que si les freres ou seurs de feu Mr Jehan Baluze (2), mon pere, ou leurs enfens, demandoit aulcune chose des legitimes de feu Pierre et Jehan Baluze le jeune, leur fault respondre qu'ils sont morts sans avoir aulcuns biens, parceque

———

(1) On voit ici la confirmation du fait avancé par les historiens de Tulle : c'est que Jean Baluze avait emprunté pour le service de la ville des sommes importantes en son nom propre. Sa fortune en demeura fort diminuée et même compromise.

(2) Il s'agit ici du consul, père d'Etienne.

leur pere ne leur avoit rien laisse, a cause que la donation qu'il
avoit faite aud. feu Mr Jehan, par le contract de son mariaige,
de la tierce partie de ses biens, par precipu et advantage, em-
pourtoit tout. Car, despuis icelle donation, il aliena et vandit
de son bien plus que les deux tiers a luy restants ; car (?) mon-
toint, comme apert par les memoires et pretantions que sont
dans le sac du proces qui est pandant en la cour de parlement
de Bourdeaux, qui est ches Mr Maruc, procureur en icelle ;
ensemble par aultres memoires qui sont dans ung sac commun, dans la garde robe ou dans mon estude de ceste ville.....

Il y a a present fin de non recevoir, a cause que le temps de
30 ans a intenter l'action s'est expire, et, par ce moyen, non
recevable (*sic*).

———

— Tous les sacz des proces qu'avons heu contre la ville (1)
sont dans mon coffre, a Bourdeaux, ches Mllo de La Roque,
ensemble le sac de proces contre Mr Anthoine Baluze, touchant le pre de Bechefage de Croussac. Despuis, j'ay faict
pourter mond. coffre ches Me Pierre Malleville, recouvreur,
demurant au devant la croix de St Remy, a Bourdeaux, le
4e aoust 1601, que je partis dud. Bourdeaux.

Despuis, ay faict pourter led. coffre ches Me Pierre le recouvreur, qui se tient audevant la croix de St Remy, aud. Bourdeaux, en juin 1601 (2).

J'ay retiro led. coffre et icelui bailhe a Leonard Depret (3),
mon cousin, demurant chês Me Nigrat, procureur a Bourdeaux, et renvoye icy la plus part de mesd. sacz ; les aultres
sont ches Chaumely, procureur, aud. Bourdeaux.

———

— Le vendredy, xiue de mars 1615, la rivière de Coureze fust
si debordee qu'elle en pensa emporter le pont Chouzeny de la

———

(1) Au sujet sans doute du remboursement des sommes empruntées par Jean
Baluze en son propre nom pour le compte de la commune de Tulle, pendant qu'il
avait seul administré la ville, sous le dur gantelet de Lamorie.

(2) Cette note est de la même main, mais postérieure à la première.

(3) Non-seulement Jean Balnze, le consul, avait épousé une de Prés; mais son
frère Antoine s'était marié dans la même famille. On a pu voir plus haut (année
1573) un passage où la femme d'Antoine est nommée: elle s'appelait Sabine.

p⁰ᵗ ville et la maison de Mʳ Jean Brival, chirurgien dud. Tulle, qui aboutist (1) led. pont, et monta jusques aù carre de la maison des heritiers de Jean dit Joanet Maruc, Sʳ de La Vergne, et empourta la moytie du pont de la Barriere et la muraille du pre de l'Hospital, nouvellement bastie de chaux et sable, et fist d'autres grands degastz qui seroynt long a mettre par escrit, comme fist d'autres grands degastz jusques a Bourdeaux, et rompit tous les pontz jusques a sa source (2.

— Le lundy, xiᵒ may 1615, je partis de la p⁰ᵗ ville de Tulle pʳ aller a Bourdeaux, pʳ la poursuitte du proces que j'avois contre les officiers de Tulle, pʳ le reglement de mes offices d'enqᵗᵉᵘʳ et commissʳᵒ examᵉᵘʳ; et fus de retour le jeudy, xviᵉ juilliet aud. an.

— Lad. année 1615, y eust si grand abondance de vin en ce pays, que ne ce trouva homme qui eust souvenance d'avoir veu telle annee ny si grande abondance de vin.

— Le 2ᵒ avril 1616, samedy, veille de Pasques, deceda sire Anthoine Tramond, sʳ de Lauzelou (3) et bourgois de Tulle, mon beau frere, troys heures apres minuict, et fust ensevely le mesme jour, a quatre heures du soir, en l'esglize St Pierre, apres les honeurs faites en l'esglize St Jullien, a cause de la solennite du jour de Pasques.

— Le mecredy, quatrième de may 1616, vint demeurer ceans Francoys du Claux de Boysse, filz a Mᵉ   (4) Boysse, procureur d'office en la jurisdiction de St Clement, (5) pʳ enseigner mon filz Jean Charles Et m'a este promis par son pere vingt livres de pension et un escu pʳ noz femmes (6).

— Le mecredy, 25 may ensuivant, deceda Peyronne de

---

(1) Il faut comprendre : *qui est au bout dudit pont.*

(2) On connoit les curieuses plaquettes rapportant les details de ces inondations.

(3) Lauzelou, près Tulle.

(4) Le nom est resté en blanc.

(5) Aujourd'hui commune du canton de Seilhac, arrondissement de Tulle.

(6) Jadis, toutes les fois qu'un prix de pension était stipulé, on ajoutait une petite somme pour les femmes. C'était une rétribution des soins qu'elles donnaient au commensal, à l'apprenti, à ses hardes. Cette légère gratification, qu'elle fût stipulée à l'occasion d'une vente, d'un marché quelconque ou d'un apprentissage, portait la dénomination significative d'*épingles.*

Bourderie, veufve dud. feu Tramond, sur les six heures du matin, et fust ensevelye le landemain, en lad. esglize de St Pierre et vas dud. feu Tramond, apres avoir fait l'office en l'esglize St Jullien.

— Lad. année 1616, le jour et feste St Clair ce trouva la veille de la Feste Dieu, qui fust cause que la foire dud. jour de St Clair ne fust si bonne qu'elle eust este, a cause de l'affluance de peuple estrange que s'y trouva et du grand nombre de bestial que y fust mene de tous costes, qui furent contraincts s'en retourner (1).

— Le lundy, viiie juin 1616, entre dix et uuze heures du matin, deceda Guabrielle Deprez, veufve de feu Me Jean Baluze, procureur au siege royal de Tulle, ma mere, et fust ensevelye le landemain en notre sepulture a St Jullien, pres la chere qu'on dit le sermon, et fis fere un vas (1) aud. lieu avec Me Estienne Baluze, mon cousin, de la longeur de quatre pieds, et largeur sept pieds.

— Le jeudy, quatriesme aoust 1616, je partis de la pnt ville a la priere de Me Pierre de Fenis, lieutent genal au siege de Tulle, pr aller a Paris, a la poursuitte d'un sien procès contre Mre Francois Jarrige, lieuten. criminel, soubz le nom du Coner Brossard, et fus de retour le xixe octobre ensuivant, jour de lundy.

— Le dimanche, xxiiie octobre 1616, l'esglize des Feuilliens fust benit (2) par Me Bernard (3) de La Tour, doyen de l'esglize cathedralle de Tulle, et vicaire genal du sr evesque dud. Tulle, qui celebra dans lad. esglize la messe le mesme jour, ou assisterent Mrs les Maire et Consulz, et Mr le lieutent genal du siege royal de lad. ville et autres officiers dud. siege.

— Le jeudy, xviie novembre 1616, environ les deux heures apres minuict, deceda Jean Depre, bourgois, dit *le Cadet negre*,

---

(1) En général, quand ces coincidences se présentaient, de vieux usages réglaient la remise des foires.

(2) Les Feuillans étaient arrivés à Tulle l'année précédente.

Il s'agit évidemment ici d'une chapelle provisoire. On trouvera ci-après, sous la date de 1620, une mention ayant trait à la pose de la première pierre de la chapelle définitive.

(3) Il faut lire Bertrand de La Tour. Il s'agit bien ici, en effet, de l'auteur de l'*Institutio ecclesiæ Tutellensis*.

mon oncle; et fust ensevely le vendredy, xviii° dud. moys, en l'esglize St Jullien et vas (1) des Coustut (V), dans la nef de lad. esglize.

— Le jeudy ix° febr 1617, environ une heure apres minuit, deceda Francois Depre, frere aud. Jean; et fust ensevely en l'esglize St Jullien, au dessoubz de la galerie qui descend des cloistres de lad. esglize, le landemain, vendredy, x° dud.

— Le dimanche, premier d'octobre 1617, l'esglize des Dames religieuses de Sto Clere de la pnt ville de Tulle (2) fust sacree par Mr l'Evesque dud. Tulle, Jean de Genouilhac (3), ou assistarent Mrs les Maire et Consulz, avec la livree (4).

— Le lundy, xix° mars 1618, jour de St Joseph, mes niepces de Tramond, Martialle et Marguerite, firent profession de relligion de l'ordre de Madame Sto Claire au couvent des religieuzes dud. ordre de la pnt ville, sans y appeller aulcun de leurs peres ny parents, a cause de ce que le curateur de Martin Tramond, leur frere, leur avoit faict signiffier certaine reqte pourtant deffance de fere lad. profession, donnee par Mr Brivezac, Lieutent part au siege de lad. ville; et, le mesme jour de leur profession, leur furent faictes mesmes deffences en vertu d'une commission de la Court de Parlement de Bourdeaux.

— Le lundy, xxvi° de mars 1618, qu'on celebroit la feste de l'Annonciation de la Vierge Marie (5), la prossession de Mrs du chapittre estant alle aux Cordeliers (6) de la pnt ville pour y celebrer la Sto Messe et ouyr la predication du predicateur ordinaire de lad. ville, comme il est de coustume, — led. predicateur fust empeche de prescher par les peres Recolletz dud. couvent, et l'un d'iceulx, appelle le pere Martin, lecteur dud.

---

(1) Nous avons déjà plusieurs fois rencontré dans notre manuscrit ce mot, avec la signification de *tombeau* : c'était du reste dans ce sens qu'il était pris d'ordinaire, en Limousin en particulier.

(2) Les Clairettes ne s'établirent à Limoges que deux ans plus tard.

(3) Jean Richard de Genouilhac de Vailhac fut évêque de Tulle du 9 octobre 1599 au 13 janvier 1632, date de sa mort.

(4) C'est-à-dire avec les insignes consulaires. A Limoges, on disait *les marques*.

(5) La fête tombe le 25; mais ce jour-là se trouvant être un dimanche, sa célébration avait été remise au lendemain.

(6) Il faut lire *aux Récollets*. Ceux-ci avaient en effet remplacé les Cordeliers depuis 1601.

couvent, prescha en la chaire d'icelle et l'autre (1) au banq des honeurs (?) qui est dans lad. esglize, telement que le Doyen, vicaire gen^{al} du s^r Evesque de Tulle, voulant empecher led. pere lecteur, luy faisoit deffance de prescher a peyne d'excommunication : nonobstant quoy il continua tonsjoura de prescher, telement que lesd. s^{rs} du Chapittre furent contraintz de fere chanter la musique pour l'empecher; et, la messe dite, led. pere lecteur voulant continuer son sermon, apres plusieurs deffences dud. vicaire gen^{al}, il fust par luy excommunie, et, nonobstant ce, il continua sa predication au grand escandalle du peuple, qui se print grandement a crier, et aulcun dud. peuple ne voulant suyvre la prossession qui s'en retournoit a la grande esglize, M^{rs} le Maire et Consulz qui accompagnoit icello, furent contraintz de rester dans lad. esglize des Cordelliers p^r fere suyvre led. peuple, lequel ne voulant obeyr, et qui continuoit d'ouyr la predication dud. pere lecteur, led. s^r vicaire g^{al}, p^r la desobeyssance commise par ceux qui ne voulurent suivre la procession, les denonca p^r excommunies, et jamais ne fust veu un tel escandalle et insolance de la part desd. religieux Recolletz. — Le samedy ensuivant, dernier dud. moys de mars, ceste dispute fust acommodee par led. s^r Evesque, qui vint en ceste ville p^r bailler les ordres, et, le lundy apres, lad. procession fust repetee et la predication faite aud. couvent par le predicateur ordinaire.

— Le xxi^e jour d'aoust 1618, je partis de la p^{nt} ville de Tulle, a la priere de Mr Pierre de Fenis, Lieuten^t gen^{al} au siege dud. Tulle et de M^{rs} les Maire et Consulz d'icelle, p^r aller en la ville de Clermont en Auvergne, p^r querir les dames religieuzes de Ste Ursulle (2), soubz la permission du seigneur Evesque dud. Tulle : lesquelles, en nombre de troys et une servente, je conduisis en la present ville, dans le carrosse de Madame de

---

(1) Il s'agit ici du religieux qui devait prêcher le sermon annoncé, du prédicateur désigné par le corps municipal.

(2) Les religieuses Ursulines ne s'établirent à Limoges qu'au mois de novembre 1620. Une assemblée de ville du 4 octobre avait accueilli favorablement les ouvertures faites à ce sujet par la congrégation. Ce fut la mère Marie de Liberos, supérieure de Brive, qui les installa.

Les Ursulines étaient très bien vues et très recherchées à cause des écoles qu'elles ouvraient pour les filles d'artisans et les enfants pauvres.

Montfort. Et fusmes contrainct de nous arrester cinq jours entiers au chasteau de Preysonnet (1), apartenant a lad. dame, a cause du mauvais temps de pluye et debordement des rivieres qu'il fist; et arrivames en lad. p^ot ville le mardy, cinquiesme de sept^bre ensuivant, environ deux heures apres midy, et conduisimes lesd. dames relligieuses en la maison de Fondion, qui leur avoit este preparee par les habitans dud. Tulle p^r leur demeure; et le samedy ensuivant, viii^e dud. moys, jour de la Nativite N^re Dame, la chapelle preparee dans une salle basse de lad. maison fust benite par M^r de La Tour, doyen de l'esglize cathedralle dud. Tulle, vicaire g^al dud. s^r Evesque, qui y celebra la premiere messe, et apres luy en furent celebrees plusieurs autres; et l'apres disne led. s^r doyen y prescha.

— Le premier (?) dud. moys de sept^bre 1618, qui estoit jour de samedy, moy estant aud. voyage de Clermont, deceda Mre Francois Baluze, docteur en medecine, mon cousin et bon amy, qui fust aultant regretté par moy et les autres habitans de Tulle qu'home qui soit decede de notre temps. Dieu luy fasse paix ! — Il fist par son testament plusieurs legatz pies, et particulièrement fonda une vicairie perpetuelle au college de la p^ot ville, dottee du revenu de mil cinq^te livres, a la charge de celebrer une messe tous les jours que les enfens escolliers entreroint en classe, et voulust que Mre Pierre Baluze, theologal en l'esglize cathedrallo, fust le premier vicaire et qu'il celebrast lad. messe tant que bon luy sembleroit; et apres son deces, voulust que nomination dud. vicaire p^r celebrer lad. messe feust faicte par Calmines Baluze, son autre frere, mon nepveu, ou les siens, qu'il nomme pour patrons de lad. vicairie. Et fust ensevely le landemain au couvent des peres Recollectz, qui lui firent l'office des Trespasses comme a un d'eux.

— La mesme annee mil six cent dix huict, et sur le commencement du moys de novembre, pareust ung grand comette du coste du soleil levant et du village de la Fage (2), qui poussoit devant luy une grande queue en rayons de feu de la longeur de deux piques, tantost plus, tantost moingtz; et dura

---

(1) Près Bourg-Lastic (Puy-de-Dôme).
(2) Près Tulle.

lad. comette jusques environ la feste de Noel de lad. annee (1).
Il paressoit tous les matins, sur les troys ou quatre heures
apres minuict et duroit jusques au jour. Dieu veilhe qu'il
soit bon presage et que tout ailhe a l'honeur et gloire de Dieu
et bien du pouvre peuple! mais je me crans *(sic)* du contraire
pour plusieurs considerations. Dieu sur tout! (2).

— Le jeudy, dern' de feb' 1619, vinst demurer ceans Peyronne,
du village de Marche, parroisse de Gimel, nostre chamberiere,
a laquelle fust promis de gaiges six livres par an et une devan-
tiere (3) de toille.

— Le dimanche, jour de la feste de St Jean Baptiste, xxiii°
de juin 1619, en la veilhe dud. St, il pleust si tres fort que la
riviere de Coureze de la p° ville de Tulle, vint se desborder
qu'elle passoit sur le pave du college, et lad. pluie empecha
que la prossession qui est de coutume d'estre faite en lad. veilhe
ne ce fist ; et fust remize jusques au mardy apres.

— Le mardy, xvi° julliet 1619, dame Coulombe du St Esprit,
superieure des filhes de Ste Ursulle, avec la seur Ursuile, en
companie de M° Pierre Baluze, theologal, chanoine de l'esglize cathedralle dud. Tulle, et M° Anthoine Malaurie, advocat et Guabriel Baluze, partirent dud. Tulle p' aller a Bourdeaux, et furent de retour le dimanche, premier septembre
aud. an.

— Le mardy, dernier de mars 1620, deceda M° Martial de
Fenis, s' de La Prade, et juge ordinaire de la ville de Tulle ; et
fut ensevely le landemain, en l'esglize St Pierre.

— Le dimanche, tiers du moys de may, jour de Ste Croix de
l'annee 1620, fust posee la premiere pierre de l'esglize des

(1) A rapprocher ce passage des *Annales* de Limoges : « Ladite annee, parust
une tres grande et prodigieuse comette, et fust aussy bien veue a Lymoges qu'al-
heure ; laquelle dura longt. mps. Elle estoit estrangement longue, faite en forme de
sabre ou coustelas dont le pommeau estoit l'estoille, qui estoit clere, et le restant
tout en feu, rouge. Et ensuitte furent vus divers prodiges dans l'air. » (p. 391).

(2) Nous avons lieu de nous étonner que l'auteur de notre manuscrit ne fasse pas
allusion aux craintes qui troublèrent à ce moment le pays et aux démonstrations du
duc d'Epernon qui, d'Angoulême, menaçoit les provinces voisines. Il y eut des
levées de troupes assez considérables et les *Annales* de Limoges rapportent que
Schomberg « prit Uzerche. »

(3) Tablier. On dit encore *devantiero* et *devantaü.*

Peres Feuillians de la p⁰ᵗ ville de Tulle par Mʳ le viscomte de Pompadour (1).

— Le mesme jour, seur Colombe de Ste Croix, filhe du feu sʳ de Lespinet pres Treinhac, receut l'habit au couvent de Ste Ursulle de lad. ville.

— Le samedy, huitiesme aoust 1620, sur les sept a huict heures du soir, il fist un si grand orage de vent, gresle, tonerre et pluye, qu'il n'en fust jamais vu semblable, qui gasta les vinhes de ce pays, arracha arbres et fist de grands degastz par tout ce pays.

— Le vendredy, xiiiᵉ dud. moys et an 1620, durant la nuit, il fist un si grand orage de vent, tonerre et gresle qui gasta toutes les avoynes, bledz noirs et chanvre de tout le pays circonvoisin.

— Le xiᵉ aoust 1621, Mʳ Fenis, lieutenᵗ genᵃˡ, partist de Tulle pʳ aller en cour, sur la mort de M. de Carcassonne (2), son oncle.

— Le dimanche xiiᵉ sepᵇʳᵉ 1621, a huict heures du soir, il parut une grande clarte du coste du soleil levant, qu'il sembloit que le jour fust revenu ; car on y voyoit si cler qu'on pouvoit lire, et conter argen ; oultre cella, le ciel vint si rouge du coste du couchant, qu'il sembloit que ce fust du sang. Oultre ce, il se voyoit des lances de feu courantes l'une contre l'aultre et des boules de feu parmy, qu'un chascun qui le voyoit en demuroit estonne. Cella dura quasi toute la nuict, dont on demura fort estonne, craignant quelque inconveniant qui fust arrive au Roy qui estoit au siege devant Montauban.

— Le dimanche, xixᵉ sepᵇʳᵉ 1621, la croix des peres Jesuistes fust plantee, et pʳ cest effect, fust faite une procession ou assista Monseigneur l'Evesque de Tulle, Mˢ du Chapitre et les

---

(1) Les fragments que nous possédons d'un registre domestique de la famille La Garde, contiennent un passage sur le même sujet. La bénédiction fut donnée par Bertrand de Latour. La dame de Pompadour assistait à la cérémonie.

(2) Il s'agit ici de Christophe de Lestang, qui, après avoir été quelques mois évêque d'Aleth, avait été transféré à Carcassonne en 1603 et était mort le 11 août 1621. (Gams : Series Episcoporum : Mantz, Ratisbonne, 1873, p. 129.) Son successeur fut Vital de Lestang.

deux parroisses et M^re les Maires et Consulz, avec la livree de
la ville, qui se transportarent sur les lieux apres avoir entendu
le sermon du P. Anginot, recteur du college, qui prescha en
la grand esglize cathedralle; en faisant laquelle procession,
vindrent nonvelles de la mort de Mr de Mayenne, qui avoit este
thue le jeudy auparavant, au siege devant Montauban, dont
tout le monde fust fort estonne et marry, p^r le besoing qu'il faisoit au Roy aud. siege (1).

—Le jour de St^z Cosme et Damian, xxvii^e dud. moys de sept^bre
1621, la premiere pierre du fondement du college des Jesuistes
fust posee par Mr Mre Pierre de Triou, advocat du roy, Maire de
la p^nt ville, assiste des Consulz d'icelle, avec leur livree, au
bout de la rhuelle tandant de la maison du s^r La Rhue a la
Correze, et pave estant devant le college, ou furent prononcees
quelques vers par des escoliers a l'honneur de la ville ou desd.
Iesuistes, entre lesquelz estoit mon filz Jean Charles.

— Le ve juin 1622, jour de dimanche, sur les cinq heures du
soir, il fist une si grande tempeste de gresle en la p^nt ville et
lieux circonvoisins, qu'elle gasta les vinhes, entierement toutes
les semances et fruitz des arbres qui estoint pour lors fort
avances, de facon qu'il ne se vid jamais un si grand orage,
comme les plus anciens assuroient; telement que aux lieux
ou il passa, il ne se reculit ny bledz ny vin ny autre fruictz.
En oultre ce, les arbres furent grandement battus de lad.
gresle et plusienrs arraches, et les autres mortz despuis. C'est
chose incroyable a qui ne le vid. Ma vinhe de Champ Lagarde (2)
fust du nombre des gastees, et (?) fort que je croyois qu'elle ne
metroit jamais plus de feulhe. Il y avoit gresle plus grosse
qu'une pomme et la plus commune comme des noix, sans
pluye autrement.

— Le jour St Pierre et St Paul, xxixe juin 1622, feust faite la

(1) Il s'agit ici, non de l'ancien Lieutenant général de la Ligue, qui était mort à
Soissons, dans les premiers jours d'octobre 1611, mais de son fils Henri, gouverneur de Guyenne, tué sous les murs de Montauban, le vendredi 17 décembre 1621,
et non le jeudi, 16, comme il est indiqué ci-dessus.

(2) On a vu plus haut, par la liève détaillée de Champ-La-Garde, que l'auteur du
Livre de raison y possédait directement et y faisait exploiter à son compte plusieurs
pièces de terre et vignes.

celebrite de la feste et canonizations de Stz Ignace, fondateur
des Peres Iesuistes et Francois Xavier, de la companie desd.
Iesuistes, et dura lad. celebrite huict jours (1). Et furent faites
des prosessions generalles, mesme la veilhe de lad. feste et
l'octave, ou assistarent environ cinq cens escoliers (2), habilles
superbement de diverses sortes, portant chascun une chandelle
de cire du poy d'une livre, avec une inscription attachee a icelle
pourtant le nom d'un college desd. peres Iesuistes de toutes
nations et provinces, soit d'Italie, Alemagne, des Indes
d'Espagne, de France et autres, ausquelles processions assistarent lesd. peres Iesuistes et regens seulz, vestuz de leurs sur-
pelis, et le recteur avec un riche pluvial, et cellui qui portoit
une banière de gros de Naples, a laquelle estoit despeinct au
naturel lesd. S¹ Ignace et Xavier. Messieurs du Chapitre et les
communaultes, ensemble les Feuillians et peres Recollectz
ayant refuze d'y assister, a cauze qu'ilz ne voulurent permettre
que lesd. peres Iesuistes marchassent entre Mrs du Chapitre et
lesd. communaultes : de quoy un chascun demoura escandalize.
Durant ceste octave, il ce fist au college desd. peres et au lieu
ou estoit le Jeu de Paume, diverses declamation et de belles
actions (3) exhibees a l'honeur du Roy. Les affiches des escoliers,
enigmes et emblemes ne manquarent : le tout avec de belles
peintures. Le S¹ Sacrement fust aussy expoze durant lad. octave
a lad. esglize, et sermons (?) ordinayres n'y manquarent.

— Le xxvii° decembre 1622, partist de ceste ville Jean Baluze,
mon frere, pr aller en garnison à la citadelle d'Angoulesme,
pr Mr de Schomberg, gouverneur en chef de ce pays de Lymosin, ou il se maria quelques jours apres sans nous en demander
advis, ni a autres de ses freres, ni autres parens.

Il deceda a Mourtagne en Xaintonge, sur la fin de l'annee
1626, et sa femme a Bourg, au commancement de l'annee 1627.
Dieu leur fasse paix ! (4).

---

(1) Cette fete fut célébrée à Limoges avec plus de magnificence encore. On en
trouve le récit au 8° volume de l'*Histoire de St Martial*, du P. B. de St-Amable.

(2) Le collège de Limoges, depuis plus de vingt ans dirigé par les Jésuites
comptait en 1622 un millier d'écoliers.

(3) Représentations théâtrales, d'où le mot : *acteur*.

(4) On peut noter qu'il n'est pas fait mention, à notre manuscrit, de l'arrivée des
Carmes déchaussés, qui eut lieu cette année là même, 1622.

— Le premier jour du moys de may 1623, la premiere pierre des classes du college des Jesuistes fust pozee par Mons' de Schomberg (1), gouverneur du Hault et Bas Lymosin, du pays Angoumoisin et citadelle d'Angoulesme, qui estoit venu en la p'' ville de Tulle p' y fere son entree comme gouverneur; et y fust aceully fort honorablement en la maison de M'' Fenis, Lieuten' gen'', qui le traitta a souper le soir de son arrivee fort esplandidement.

— Le jour et feste de S'' Magdelene, 22° julliet 1624, aux honeurs funebres qui se faisoint en l'esglize S' Jullien de Tulle, p' Jane de Fenis, femme a M' Martial Dupuy, procureur, y heust ung grand differand entre Mad''' la Lieutenante gen''' dud. Tulle (2) et la femme de M' le Thresorier de Jaucen, s''r la presceance d'entre elles, de facon que lad. Lieutenante fust poussee par l'autre fort rudement et que, estant acourues ma femme et filhe, furent battues par la mere (?) dud. tresorier, sad. femme, filhe de chambre et autres qui les assistoint, au grand escandalle du peuple. Il est vray qu'il y eust des coups fourres de part et d'autre. De quoy y eust proces criminel, qui fust juge par le seigneur de Pompadour, gouverneur du present pays (3), a l'avantage dud. s' Lieutenant gen'', pour la presceance au dessus des thresoriers.

— Le jour de l'Annonciation N'' Dame, 25 mars 1625, la premiere messe fust celebree en l'esglize des dames relligieuzes de S' Bernard, venues de Coyroux (4), nouvellement faite bastir par la superieure dud. Coyroux, de la maison de Pey-

---

(1) Schomberg se rendit ensuite à Limoges où il fit son entrée escorté par onze cents hommes de la milice, commandés par le juge de Petiot, colonel.

(2) La femme de Pierre de Fenis, laquelle était une demoiselle de Meynard de Lestang.

(3) Le gouverneur siégeait encore à cette époque dans certaines circonstances solennelles. Ainsi nous voyons le comte de la Voulte, gouverneur du Limousin, présider, comme représentant du Roi, l'audience solennelle du Présidial de Limoges, du 9 novembre 1589, où doivent être jugés les Ligueurs accusés du meurtre de Guillaume Verthamon, capitaine de la milice bourgeoise. (Archives nationales Kk 1212).

(4) Coyroux, qualifié souvent d'abbaye, n'était qu'un prieuré de femmes sous la dépendance d'Obazine. On sait que saint Etienne avait fondé deux monastères, l'un d'hommes, l'autre de femmes, et qu'il les gouverna jusqu'à sa mort, arrivée en 1159.

raux en Périgord (1), ou il y eust sermon ; et prescha M' La Tour, doyen et vicaire gen^{al} de Mon' de Tulle, ou assistarent M^{rs} le Lieutenant gen^{al}, le Maire et Consulz de Tulle, avec leur livree, et une infinite d'autres habitans.

— Le lundy, second de juin 1625, qui estoit la foire St Clair, le seigneur duc de Vantadour passa en ceste ville et logea ches M' Fenis, Lieuten^t gen^{al}, qui luy donna a souper.

— Le lundy, xvi^e juin 1625, Jean Meynard, m^{re} appot^{re}. mon beau frere, deceda apres avoir demure longuement malade, et fust ensevely le landemain en son tumbeau, qui est au semi-tiere de l'esglize St Jullien.

— Le mecredy, x° de juin 1626, veilhe de la feste Dieu, sortant de vespres, il gresla si tres fort que la moindre gresle estoit aussy grosse qu'une noizette et en y avoit de grosse comme des œuf ; lad. gresle ne frappa que sur la p^{nt} ville et quelque peu aux environs, et notre vinhe n'en fust exempte, comme tout le quartier de la Bachelerie. Le mauvais temps venoit du coste de la Vezere, coustumier de nous donner de telles tempestes.

— La mesme annee 1626, et le moys de julliet, il pleust si tres fort et continuellement, que les bled segle coupes et a couper germoyent dans l'espis, et s'en gasta la plus grand part ; et les revieres de Correze et Soulane furent telement debordees qu'il n'estoit de memoire de les avoir veues ainsin (2) : qui fust cause qu'apres avoir faict prossession gencralle et porte le chef de M' St Clair a la prossession le dimanche xiie dud. moys de julliet, et la pluye continuant tousjours en empirant,

---

(1) La prieure était en effet, depuis 1597, d'après les indications do Nadaud et de Legros, Mme de Peyraux, qui administra le pricaré près d'un demi siècle : Mme de Badefol lui succéda en 1645.

(2) Les *Annales* de Limoges mentionnent cette année-là des pluies extraordinai-res qui pourrissaient les grains sur terre et ajoutent : « Apres plusieurs processions, jeusne de trois jours, les chapses furent portees, le 21e julliet, avec autant d'af-fluence de peuple que le mardy de Pasques (jour de la grande procession annuelle des reliques). Et, le mesmo jour, le soleil commança de se monstrer et les grains se levèrent avec facilité. »

Les *chapses* dont il est question à ce passage sont les châsses ou coffrets où étaient renfermés les restes des saints.

il fust resolu par M^rs les Maire et Consulz (1), de prier M^rs du du Chapitre de la grande esglize d'indire (2) autre prossession le dimanche ensuivant. xixe dud. moys, qui fust denoncee par le trompet de la ville le samedy auparavant, et enjoint a tous les habitans de s'y trouver. La prossession fust faicte, a laquelle assistarent lesd. s^r Maire et Consulz avec la livree, et il pleust si tres fort tout le soir (?) et durant lad. prossession, qu'au retour les ceux et celles qui y avoint assiste furent tous moulies (?) et contraintz de changer d'habit ceux qui avoint le moyen de ce fere. Oultre ce, furent indites prieres generalles p^r le reste de la semmene et que le St Sacrement exposeroit jour par jour (3) en l'une des esglizes de lad. ville, scavoir le lundy a lad. grand esglize, le mardy a St Pierre, le mecredy, jour de Ste Magdelenne a St Jullien, le jeudy en l'esglize des peres Recollectz, le vendredy en l'esglize des peres Feulians, le samedy en l'esglize des dames relligieuzes de Ste Claire, le dimanche a celles de Ste Ursulle, le lundy a celles de St Bernard; durant lesquelz la procession generalle, partant de la grand esglize avec les deux parroesses St Pierre et St Jullien p^r aller visiter le St Sacrement chasque jour, a chascune desd. esglizes ou il reposoit; et y avoit predication et apres deux heures de meditation. Lesd. PP. Recollectz faisoint la mesme prossession chasque jour ausd. esglizes apres la generalle, avec de fervantes prieres et meditations, les bras ouvertz durant deux heures (4); les penitans blancs et gris (5) firent aussy des prossessions de jour et de nuict (6), telement qu'on ne vid jamais de telles devotions et de si ferventes prieres : un chascun craignant de mourir de fain (7) p^r n'avoir moyen de ramasser

---

(1) Nous constatons ici qu'à Tulle comme à Limoges l'initiative des processions, en temps de calamité publique, appartenait souvent à l'autorité municipale.

(2) De fixer, *indicere*.

(3) Chaque jour.

(4) Nous avons vu, il y a vingt ans, dans quelques localités du Roussillon, des processions qui rappelaient très exactement celles dont parle ici Etienne Baluze.

(5) Fondés les premiers en 1590. Ils adoptèrent le costume *bleu* en 1733, avec l'autorisation de l'évêque.

(6) Ces processions de nuit, jadis très en faveur, furent interdites partout à cause des désordres qui trop souvent les signalèrent.

(7) Les *Annales* de Limoges signalent à partir de 1627 une longue disette et une grande affluence de pauvres dans la capitale du Haut-Limousin. On fut obligé de « distribuer les pauvres par les maisons. »

les biens de la terre a cause des pluyes continuelles et sans
intermission jour et nuict, de façon que les usuriers de lad.
ville fermarent les greniers et n'en vouloint bailler pr de
l'argent ; mais ils furent bien trompes ; car Dieu, pere bening
qui ne delaisse ses enfens, ouvrit ses yeux de misericorde et
nous donna de beau temps pour ramasser lesd. fruictz et
exausa la priere des gens de bien. Je le prie du bon (*sic*) du
cœur qu'il luy plaize de nous continuer ses graces et faveurs (?)
et d'amander tant d'uzuriers, vraye peste des republiques.

— Le jeudy, xxii° juillet, jour de la feste de Ste Magdelene
1627, entre dix et unze heures du soir, il fist un si grand tonerre qu'il n'y avoit homme qui en heut veu ny ouy de tel,
telement qu'il n'y avoit homme, p' si asseure et resolu (*sic*)
qu'il fust, qui n'eust peur de un si furieux tonere ; car on
croyoit que toute la ville ce debvoit abismer. Et de faict, le
foudre cause par icellui tumba sur la pyramide de la grand
esglize qu'il gasta de telle facon que cinq cens escouz ne la
scauroit remetre. Il porta les pierres d'icelle sur toutes les
maisons circonvoisines et fist de grands ravages dans le clois-
tre, briza l'orologe et poudres (1) qui portent les cloches
d'icelle (2).

— Le jour St Andre, dernier de novembre 1629, Marie de
Baluze, ma filhe, espouza Pierre Peschel, app^re de la p^ot
ville, fils a Mathieu (?) au Puy St Clair en la p^ot ville, a mon
inseu et contre mon consentement. Dieu veulhe qu'elle s'en
trouve bien !

— Le dimanche x° fevrier 1630, M° Jean Charles de Baluze,
advocat en la cour de Parlement de Bourdeaux, espouza Catherine de Teyssier, filhe a feu M° Jean Teyssier, con^er du
Roy et recepveur general des Finances du Roy en la generalite de Lymoges, et de dam^elle Marg^te du Verdier (3) : ses pere
et mere. La solennite dud. mariage fust faicte en l'esglize St
Jullien et en la chapelle de Teyssier par Mr Mre Bertrand de

---

(1) Poutres.

(2) Voir la *Notice sur Tulle* dans l'Annuaire de 1826.

(3) La famille du Verdier était aussi une famille de finances : un trésorier-général
de ce nom joua un rôle assez actif dans le parti de la Ligue.

Latour, vicaire gen^al du Seig^r Evesque de la p^nt ville et son official et doyen de lad. esglize cathedralle, et la messe celebree par Mre Fourton Baluze, p^bre, cure de Pradines, mon frere. Dieu les fasse prosperer!

— Le lundy, xvi^e sep^bre 1630, entre troys et quatre heures apres midy, lad. Marie de Baluze s'accoucha d'une filhe qui fust baptizee le mecredy au soir par le Sr Salvanie, cure de l'esglize St Jullien. Son parrin fust Martin Peschel, pere aud. Pierre, et lad. Catherine Teyssier, ma belle filhe. Dieu la fasse femme de bien!

— Le dimanche, xxiiii^e de novembre 1630, entre troys et quatre heures du matin, nasquit Estienne Baluze (1), premier filz de Mre Jean Charles de Baluze, advocat en parlement, mon fils unique, et de Catherine de Teyssier, sa femme; et fust baptize en l'esglize St Jullien le mecredy au soir, sur la nuict, par Mre Jean de la Salvanye, cure dud. St Jullien. Je fus parrin et damoyzelle Marg^te du Verdier, veufve de feu m^re Jean Teyssier, vivant con^er du Roy et son recep^r gen^al en la generalite de Limoges, mere de lad. Catherine, marrine. Dieu le fasse homme de bien !

— Le samedy au soir, vi septembre 1631, je me retire avec toute n^re familhe, au village de Chaunac et en la maison du s^r Teyssier, ad^st, avec la damoyzelle sa mere, et sa familhe, a cause de la grande maladie de contagion (2) qui estoit lors dans Tulle, qui fust abandonne a cause de la fuitte des autres officiers, ou j'avois demure seul officier l'espace de troys sepmenes ou un moys, exerçant la justice en qualite de juge, en faisant la fonction de Procureur du Roy, comme m'apartenant, les lieuten^s, cons^ers et advocat et procureur du Roy absens. — Dieu, par sa bonte infinie, me fasse la grace et a mad. familhe d'y retourner bien tost, et nous veulhe preserver de ceste maladie et de tout autre mal ! (3).

_____

(1) Il s'agit ici du grand érudit du dix-septième siècle. Nous avons dit que cette indication ne concordait pas avec celles données par Baluze lui-même.

(2) Etienne Baluze ne parle pas de la disette qui précéda la peste de 1631 et qui contribua probablement à rendre ses ravages si effrayants.

(3) La peste de 1631 est peut-être la plus effroyable épidémie dont l'histoire de notre province ait conservé le souvenir. Elle retraça tous les lugubres tableaux des

L'année 1631, la peste fut si grande et eschaufee en la p^{al} ville de Tulle, que presque tous les habitans furent contraincts de quitter la ville, et ceux qui demeurarent firent de grandes voleries sur les biens des pestiferes et infectez (?); et y mourust environ deux mil cinq cens personnes, et la pluspart de faim ou de soif, ne pouvant trouver d'eau pour boire, estant du tout abandonnes, a cause du peu de soing que les Maire et Consulz y ra; ortarent (1), qui estoint Mr Lagarde, ad^{al}; Combes, ad^{al}; Sage, bourgois; Peschadour, aussy bourgois, et du Cher de Feux, bourg.; Delverge qui ne fist aulcun service a la ville durant son annee, estant travailhe de quelque fievre. — Le mal commanca aud. faulxbourgs dud. Delverge, ou mourust un pouvre homme nomme Biraudon, le (2) jour de julliet de la lad. année, et aprins (sic) sourtist au faulxbourg de la Barussie, auquel la filhe et femme de Dinet, huyssier, mourust dud. mal; et, dans huit jours apres, tout led. faulxbourg fust infecte et gaste; et nombre des principaux habitans d'icellui moururent dud. mal.

— Le dernier jour de decembre 1631, deux ou troys heures avant jour, nasquit Jean Baluze, second filz dud. Mre Jean Charles et de lad. Catherine de Teyssier, sa femme, et ce au village de Chounac, paroisse de Naves, ou toute notre familhe s'estoit retiree a cause de la contagion qui estoit a Tulle; n'a este baptize, a cause de l'absence de Mre Jean Teyssier, adv^{at}

---

grandes pestes du moyen âge. A Limoges, où elle se manifesta dans les derniers jours de septembre 1630, à l'hôtellerie des Trois Anges, faubourg des Arènes, et où elle dura jusqu'au mois de février 1632, elle fit d'énormes ravages. Le registre de la Confrérie de la Fête-Dieu de St-Pierre du Queyroix et les *Annales manuscrites* n'évaluent pas à moins de 20,000 le nombre des victimes du fléau dans la ville, la cité et les faubourgs, durant la période comprise entre le mois de mars et le mois de septembre 1631. La population de l'agglomération urbaine et de sa banlieue ne devant guère, à cette époque, dépasser 22 ou 23,000 âmes, ce chiffre est d'une évidente exagération. Les mémoires de Pierre Robert, lieutenant général du Dorat, fournissent sur les ravages de l'épidémie dans la Marche de fort intéressants détails. (V. A. Leroux et feu Bosvieux : *Charles, Chroniques et Mémoriaux pour servir à l'Histoire de la Marche et du Limousin*, Tulle et Limoges, Crauffon et Ducourtieux 1886). — A Brive, il y eut aussi beaucoup de personnes enlevées par le fléau.

(1) Dans d'autres villes du Limousin où sévit le fléau, il n'en fut pas ainsi. Il y eut des dévouements admirables. Le corps municipal de la capitale de la province donna l'exemple du sang-froid et de l'énergie.

(2) La date est restée en blanc.

en Parlement, frer: de lad. Catherine, estant en la ville de Paris, destine parrin, avec Marie de Baluze (1), r filhe, femme a Pierre Peschel, M^re appot^re aud. Tulle.

— Le second de mars 1632 (2), je me retire dud. Chounac p^r revenir en la p^ot ville, lad. maladie commansant a cesser, et le landemain après, toute notre familhe suyvit, et Dieu, par sa bonte, nous preserva de lad. contagion, jacoit qu'elle fust encore bien eschaufee en la p^ot ville, mesme au faulxbourg de la Barriere, ou il mourut apres notre retraitte plus de cent personnes.

— Le lundy, xviiie d'avril 1633, Catherine de Teyssier, ma belle filhe, s'accoucha d'une filhe, qui mourust en naissant, et fust ondoyee ou soupouzomee (3) par mon frere, le cure de Pradines, et fust ensevelie le landemain matin, en l'esglize St Jullien, dans nostre vas et sepulture, pres la chaire.

— Le mardy, xx) feb^r. 1634, je porte a baptesme une filhe du s^r Couderc, procureur, mon nepveu, et de Marg^te de Meynard, sa femme; et fust nommee Anne. Sa marine fust Barbe de Dumas, veufve du feu s^r Duboys, not^re royal de St Clement (4), a p^ot demeurant a Chameyrac (5); et baptizee par Mre Jean Salvanye, cure de l'eglize parrochielle St Jullien de la p^ot ville de Tulle.

— Le jour St Mathias, xxiiiie feb. 1634, le regent second du college de Jesuites de la p^ot ville de Tulle, faisant represanter

---

(1) Nous ferons remarquer ici un exemple de l'usage, si fréquent en Limousin, aux xvie et xviie siècles, de faire précéder le nom des femmes, leur nom de famille surtout, de la particule de, sans que cela tirât le moins du monde à conséquence. Nous avons ailleurs signalé l'existence à Limoges de cet usage, que nous retrouvons ici à Tulle. Etienne dit « Jean Baluze » en parlant de son fils, et « Marie de Baluze » en parlant de sa fille. Il appelle sa belle-fille « Catherine de Teyssier », et « Jean Teyssier » le frère de celle-ci.

(2) On voit que l'époque de la cessation de l'épidémie à Tulle coïncide avec celle à laquelle le fléau prit fin à Limoges. L'abondance de toutes les récoltes en 1632 l'empêcha de reparaître.

(3) On trouve au moyen âge le mot roman soplombar dans le même sens. Voir notre édition du Livre de raison d'Etienne Benoist. Limoges, Ducourtieux 1889, p. 66.

(4) Saint-Clément, aujourd'hui commune du canton de Seilhac, arrondissement de Tulle.

(5) Aujourd'hui chef-lieu de commune, canton nord de Tulle.

l'histoire d (1)   en la salle de la congregation qui est au dessus des classes dud. college, une poudre de lad. salle se rompit par le milieu, estant au dessus de la classe de la rhetorique, telement que tous ceux qui se trouvoient au dessus tumbarent avec la ruine dans lad. classe, et en y heust plus de deux cens de blesses peu ou prou : les aulcuns ayant les jambes rumpues, le reste blesses et le corps des autres tous brisses et rompus ; mesmes le recteur du college y eust la cuisse rompue, le prefaict tout son corps fracasse, telement qu'il ne se vid jamais pareil accidant en la present ville.

— Le jeudy, xi° de may 1634 (2), entre six et sept heures du soir, il fist en ceste ville de Tulle un si grand orage de gresle et abondance de pluye, qu'elle gasta tout ce qui estoit seme sur terre, arracha et rompit plusieurs arbres autour de la p°t ville. gasta toutes les vinhes, boys et autres arbres, fracture (sic) en telle facon qu'il n'y demura rien et qu'il n'y avoit homme venant en la ville qui dit avoir jamais veu un tel orage. Il passa aussy en plusieurs parroisses, despuis Brive jusques a Esgleton (3), mesmes a Aubiniac (4), Cournil (5), Chameyrac (6), S° Fortunade (7), Chounac (8), S¹ Augustin (9), Choumel (10) et autres parroisses, qui fust cause que le bled, le samedy d'apres, augmenta de cinq solz par cestier ; mais, dans huict jours apres, est venut au prie (sic) qu'il coustoit a 28 ou 29 s. le cestier. Dieu, par sa misericorde, nous preserve de pire!

---

(1) Le titre de la pièce est malheureusement resté en blanc. On sait que les représentations théâtrales ont toujours été fort en vogue dans les collèges des Jésuites.

(2) La date n'est pas très lisible et le chiffre qui suit le X ressemble plus à un O ou à un V qu'à un I. Toutefois le papier domestique des Lagarde mentionnant le même orage au 11 mai, il ne saurait y avoir de doute sur cette date. La grêle demeura sur la terre jusqu'au lendemain à midi.

(3) Aujourd'hui chef-lieu de canton, arrondissement de Tulle.

(4) Albignac, commune du canton de Beynat, arrondissement de Brive.

(5) Cornil, canton sud de Tulle.

(6) Canton nord de Tulle.

(7) Canton sud de Tulle.

(8) Chaunac près Naves.

(9) Canton de Corrèze.

(10) Choumell, aujourd'hui commune du canton de Corrèze.

— Le mardy, xix⁰ sep^bre 1634, a midy, nasquict Julliene de Baluze, filhe a Mre Jean Charles et de Catherine Teyssier, ses pere et mere; et fust baptizee en lad. esglize St Jullien, par Mre Jean Salvanye, cure, le (1) jour du mesme moys; et fust son parrin Pierre Feschel, M^re app^re de Tulle, mon gendre, et Julliane de Jarrige, femme a Mre Jean Teyssier, ad^at en Parlement, frere de lad. Catherine.

— Le vandredy, dix huictiesme may 1635, Guillaume Maruc, s^r de Naupont, fust thue en duel (2) pres le semetiere de Naves, et dans une terre ou ce tient la foire dud. lieu, a la pointe du jour; et son corps fust porte et ensevely dans l'esglize de Seilhac (3), parceque Mre Bertrand de La Tour, doyen et official et vicaire g^al de Monseig^r de Tulle, fist entendre aux parens dud. Maruc qu'il ne permetroit qu'il fust ensevely en terre sainte dans son diocese (4).

— Le lundy, xvi⁰ decembre 1635, entre cinq et six heures du matin, nasquit Fourton Baluze, filz aud. Me Jean Charles et de lad. Catherine de Teyssier; et fust baptize le (5) jour du mesme moys et an, en l'esglize St Jullien, par led. s^r de La Salvanye, cure; et fust son parrin Mre Fourton Baluze, cure de Pradines, et Jane de Teyssier, femme de Mre Guabriel Juge, ad^at en Parlement.

— Le dimanche, premier de juin, jour de St Clair, l'annee 1636, entre quatre et cinq (sic) du soir, il fist, en la present ville de Tulle, un si grand orage de gresle qui dura plus de demy heure, qui gasta toutes les vinhes, bleds, fromens et autre semance, ensemble tous les fruictz des arbres de toute sorte, telement qu'il ne demura rien ez environs de lad. ville. Et l'abondance de lad. gresle estoit si grande qu'elle couvroit les toids des maisons, en telle facon que le tuile ne paroissoit

---

(1) Un blanc.

(2) Ainsi la manie meurtrière des duels, contre laquelle Richelieu était obligé de sévir avec tant de rigueur, avait gagné nos provinces. Peu après, le livre de raison de Pierre Ruben, d'Eymoutiers, signale en 1648, un autre duel *trois contre trois*, dans lequel le seigneur de Farsac fut tué par le baron de Lostanges.

(3) Seilhac, aujourd'hui chef-lieu de canton, arrondissement de Tulle.

(4) Seilhac était du diocèse de Limoges.

(5) Un blanc.

point, et les maisons toutes remplies d'eau. Il ne ce vist jamais un tel orage (1)

— Le xxiiiᵉ dud. moys de juin, veilhe de la St Jean, aud. an, durant que Mʳˢ du Chapitre faisoint la prosession de la Lunade (2), le soleil devint si rouge comme esarlate, et apres de couleur de sang de bœuf, ce qui dura jusques a ce qu'il ce coucha. Et fust dit que jamais plus on n'avoit veu aud. soleil pareille chose. La lune aussy, le mesme jour, et sur l'aube du jour, devint de mesme couleur tout rouge et sanglante. Dieu veilhe que ce soit quelque bon presage!

— Le vandredy, premier d'aoust aud. an 1636, entre quatre et cinq heures apres midy, il fist un si grand orage de pluye durant plus d'une heure que, de la vie de vivans, n'en fust veu un pareil, qui fist deborder les rivieres de Coreze et la Soulane.

— Le vandredy, xvᵉ may 1637, il fist un si grand orage de pluye et de vent en ceste ville de Tulle et a plus de dix lieues a la ronde d'icelle, qui arracha, briza ou rompit et esbrancha presque tous les arbres des boys, telement que, du vivant de ceux qui sont, il ne se vist fere un tel desgast. Et je n'en fus pas exempt, car il me fist, aux boys du domaine de Crossac, parroisse d'Orlac, pʳ plus de quatre cens livres d'arbres arraches ou esbranches ou coupes a travers. Et oultre ce, force vignes dans ce pays et du pays bas de Lymosin furent gastees, les rejettons fort tendres. Dieu nous garde de surplus!

— Le jeudy, xviᵉ juillet 1637, apres deux heures apres midy, nasquit Marie de Baluze, filhe a Mᵉ Jean Charles, adᵗ, et de damoyselle Catherine de Teyssier, la lune estant a son 25ᵉ jour; et fust baptizee le xviᵉ jour du moys d'aoust ensuivant, en l'esglize St Jullien, par Mʳˢ Leonard Salvanye, vicaire, frere

(1) Cet orage et la grosseur extraordinaire des grelons sont signalés par plusieurs écrits du temps. Trois ou quatre livres de raison mentionnent ses ravages et ajoutent qu'en certains endroits, la grêle ne fondit qu'au bout de deux jours.

(2) On appelle ainsi la grande procession annuelle qui se fait à Tulle le jour de la saint Jean, en souvenir de la cessation de la peste de 1348. Voir à ce sujet, dans les *Récits de l'Histoire du Limousin* (Limoges, in-8°, Mam Barbou, 1884), publiés par la Société archéologique et historique de Limoges, l'intéressant chapitre intitulé : *Les Anglais à Tulle ; La Lunade*, par M. René Fage.

a M' Jean, cure de lad. esglize; et fust son parrin Fourton Meynard, bourgois de Tulle, et marrine dam^elle Marie de Teyssier, femme a M. Plasse, juge de Gimel, habitant de Correze (1). Dieu la fasse filhe de bien !

— Le mecredy, second de sep^bre aud. an 1637, il fist aussy un si grand orage de pluye que le ruisseau de Soulane desborda d'une si estrange facon, qu'il emporta ou gasta tous les moulins ou excluses qui sont sur led. ruisseau, telement que l'eau dud. ruisseau couvroit presque tout le lieu et plasse du Trech et de Sendon (2), et entra presque dans toutes les boutiques dud. Trech et porte des Mazeaux et y fist de grands ravages.

— L'année 1638 se porta sy extraordinairement que, de tout le moys de fevrier, il ne gela ; et pleust si tres fort jusques au xiie du moys, que les revieres se desbordarent estonnament ; et dud. jour jusques a la fin dud. moys il ne pleust que deux ou troys fois ; et tout le moys de mars ne tumba une goutte de pluye, jusques au commencement d'avril, qu'il pleust quelque peu : telement que tout le bestial de ce pays et presque de toute la France, fallist a mourir de fain, a cause que, l'annee precedente, il avoit faict si grand chaud et pleut si peu qu'il ne se reculist pas le quart de foin qu'on avoit acoustume, et toutes les avoynes, par le moyen de la dite secheresse, se perdirent, et partie du segle ; mais il y heust si grand quantite de chastaines que firent abonder led. segle ; neantmoingz le foin ce vandist, le quintal, lad. annee 1638, vingt et vingt et deux solz, et par faulte d'avoyne, on fust contrainct de donner aux chevaux des chastaines vertes et seches ; et par faulte de foin, les paysans coupoient le bled verd, de sur la terre, p' fere manger au bestail gros et menu.

— Le jeudy, xve avril de lad. annee 1638, les arbres fruitiers estant fleuris, et partie de la vinhe sortie, furent geles, et les serizes, prunes et partie des pommes et vinhes se perdirent ; neantmoingtz aulcuns rebourgonarent et portarent des raisins.

---

(1) Les juges seigneuriaux résidaient rarement au chef lieu de la jurisdiction : c'étaient en général des hommes de loi de la ville voisine.

(2) La rue du Chandon.

— Le jour de St Luc, xviiiᵉ octobre aud. an 1638, il gela si tres fort que les chastaines qui estoyent prestes a amasser et partie d'icelles tumbees, se perdirent et ce degelarent, et les vinhes aussy se gelarent lorsqu'on vandangoyent, telement qu'il falloit attandre apres disner pʳ vandanger. Neantmoingtz pʳ cella il ne resta (1) pas d'y avoir force vin ou les vinhes estoient belles. Mais jamais auparavant il ne c'estoit veu pareil accidant. Et sens cest accidant, il n'y heust jamais tant de chastaines qu'il en y eust heu ; et beaucoup plus de vin. Et le cestier de bled segle ne se fust pas vandu plus de xiv ou xv sᵉ ; neantmoingtz pʳ cella, il n'augmenta pas de pris. Car les bleds ne furent jamais plus beaux et bons que ceste annee.

— Le samedy, xxviᵉ febvrier 1639, le Presidial que le Roy avoit estably en ceste ville (2) fust installe par M. de Fremin, conᵉʳ du Roy en ses Conᵉˡˡˢ et Intendant de la justice, police et finances du Hault et Bas pays de Lymosin (3), commissʳᵉ a cest effect depute par Sa Magᵗᵉ. Et l'action fust fait si solemnelement dans le palais et auditoire royal, qui fust tout tapisse, et led, sʳ Fremin, conduit aud. palais par cent mosqueteres qui marchoint devant luy, conduitz par le sʳ Teyssier, du Chef St Jean, et, apres luy, Mʳˢ les officiers du senˢˡ, advocatz et procureurs, et conduit dans la grand esglize, ou fust celebre fort solemnelement, par Mʳˢ du Chapitre, la messe du St Esprit, avec la musique, et, d'illec, conduit comme dessus dans led. palais, ou assisterent Mʳˢ les Maire et Consulz de lad. ville avec leur livree, et Mʳˢ du Corps de l'Ellectiondud. Tulle. Mʳˢ du Chapitre n'y assisterent pas pour en avoir este pries par le seigʳ Evesque dud. Tulle, qui forma opposition a lad. installation dud. presidial. Il ne se vist jamais de telles magnifisances

---

(1) On dirait aujourd'hui : Il ne laissa,

(2) Deux ans auparavant, en 1637.

(3) M. de Fremin des Couronnes, qui fut chargé de l'exécution de mesures financières rigoureuses, a laissé un assez mauvais souvenir. Après avoir parlé de pilleries commises sous M. de Conti, son prédécesseur, mort à Limoges en 1639, l'auteur des *Annales manuscrites* ajoute : « Apres ledit Conty, il en vint un plus meschant et des plus tirants qu'on scauroit dire, nomme Guilhaume Fremir, qui... fist des volleries, exactions, faussetés et aultres meschancetes... si grandes que tous en souffroient. » Il rançonna, dit Pierre Mesnagier, « tous les plus grand de la ville, et apres les marchant et artisan. » L'attitude de la population à son égard devint si menaçante, que M. de Fremin jugea prudent de se retirer à St-Julien.

en lad. ville uy plus grand joye. L'audiance fust tenue par led.
S' Fremin, au commancement de laquelle il installa les officiers nouveaux dud. presidial, apres leur av[oir] faict reiterer
le serement qu'ilz avoit les jours auparavant preste devant luy
apres leur examen, scavoir au s' de la Geneste (1), de second
president aud. presidial, le s' Lieuten' gen'' en la sen'''' ayant
este pourveu de l'estat de premier president; le s' Darche,
prieur de Glenic (2) et chanoine en l'esglize cathedralle; le s'
Lespinasse; le s' advocat Darluc, filz a m'' Martin; le s' Jarrige, filz a m'' Francois, cy devant lieut' crim'' aud. siege sen'',
cons'' aud. presidial.

Le lundy apres, fust installe en la vissen''' (3) du bas Lymosin aud. Tulle, en l'office de prevost et vissen'', le s' La
Rhue; en l'office d'assesseur aud. vissen'' et cinq archers qui
reiterarent le serment qu'ilz avoyent preste auparavant par
devant led. s' Fremin.

Apres lesquelles installations, led. s' Fremin fist une fort
belle et docte harangue sur la creation dud. presidial, et fust
plaide une belle cause par les s'' advocat Teyssier et Brossard,
et, ce faict, fust ramene led. s' Fremin en sa maison ou il
estoit loge, chez la veufve de l'assesseur en l'Ellection dud.
Tulle Fenis, et led. jour de lundy, led. s' Fremin voulust tenir
une autre audiance, et fust conduit aud. palais par lesd. s''
officiers dud. Presidial, advocatz et procureurs : en laquelle
fust plaide une autre belle cause, qui fust plaidee par le s' Malaurie, ad'' du Roy aud. presidial, et Cerieix, advocat, et jugee
sur le champ, comme avoit este l'autre du samedy, par led. s'
Fremin.

— Le jeudy, xiiii° avril 1639, fust faite une solemnelle procession, indite par Monseig' l'Evesque de la p'' ville de Tulle,
Jean de Genoulhac, p' la secheresse qui avoit regne tout le

---

(1) S'agit-il de La Geneste près Chamberet, canton de Treignac ?

(2) Il y avait en Limousin deux localités de ce nom : Glénic ou Glény, petit
prieuré-cure du diocèse de Limoges, dépendant de l'abbaye de Saint-Augustin de
Limoges, aujourd'hui chef-lieu de commune du canton de Guéret (Creuse), et Glény
près Servières (Corrèze), également prieuré, mais du diocèse de Tulle. C'est de ce
dernier sans doute qu'il s'agit ici.

(3) Vice sénéchaussée. Service de police avec juridiction spéciale.

moys de mars precedant et duroit tousjours, telement que toutes les semances ce perdoyent sur la terre, a laquelle procession assista led. Seig^r Evesque, portant en ses mains les reliques de M^r St Clair (1), suyvy de sept a huict mille habitans de lad. ville (2). Telement que par le moyen des leurs prieres ou de quelque belle ame, le mesme jour il pleust et decoula une si douce rozee apres quelque tonerre, que le peuple en estoit (3)   et commença a pleuvoir sur les cinq heures du soir, pendant que le s^r docteur Malaurie, mon nepveu, preschoit aux Penitents gris (4), en la chapelle du Puy St Clair (5), sur l'Evangille des Pleurs de Ste Magdalene.

— Memoire de ce que je dois a ma tante de Pabot :

Premierement, par cedulle de feu mon pere....	1 ʙ (6) IX^l
Plus elle me presta........................	XII^l
Plus presta a ma mere......................	XIII^l
Plus me bailla en une foys, pistolles..........	VI
Escuz en or...............................	IV
Ducat....................................	1
Double ducat St Estiene (7) que Meynard m'a pour.	2 ʙ 1
St Omer (8)..............................	1
Plus un autre foys me bailla double pistole....	i
Escuz en or...............................	iiii
Double ducatz a deux testes.................	ii

(1) Patron de la ville de Tulle. De temps immémorial la principale foire se tient le jour de sa fête : sa durée a été portée à trois jours par lettres patentes de Henri III, 1580.

(2) Il est douteux que la population tout entière de Tulle atteignît alors ce chiffre ; on peut supposer qu'il y avait une grande affluence d'habitants des environs.

(3) Un mot omis — était sans doute.

(4) Les confréries de Pénitents s'étaient établies à Tulle avant 1593, date à laquelle fut créée la plus ancienne de celles de Limoges : on fait remonter à 1583 ou mieux 1590 l'origine de la première.

(5) La chapelle du Puy-Saint-Clair servait d'oratoire aux Pénitents de cette compagnie dès 1623.

(6) Le signe destiné à indiquer l'écu est ici un triangle, le sommet en bas : nous avons dit que ce même signe se trouve à divers livres domestiques du XVe siècle.

(7) S'agit-il d'un ducat de Hongrie?

(8) Nous avouons ignorer absolument le sens que ce mot peut avoir ici.

Paye du susd. compte.........................   X ʙ

Plus une autre foys.........................   Iʙ X ʙ

Plus une autre foys.........................   X ʙ

Plus une autre foys.........................   XIIII ʙ

Plus luy ay rendu led. St Omer.

Plus (1) luy ay envoye par la Sabine vingt escut : XX ʙ, c'est ascavoir dix escuz en argent, une double pistole, deux pistolet et deux escuz en or.

Plus luy ay envoye par la Catharine.............   VII ʙ

Plus ma mere luy a baille, pandant que j'estois a Bourdeaux, vingt et cinq escuz...........................   XXV ʙ

Sommes demeures quittes de tout l'ung envers l'aultre.

———

— Le mardy, xxviiiᵉ juin 1639, entre sept et huict heures du soir, nasquit Francoyze Baluze, filhe aud. Mᵉ Jean Charles, adᵗ, mon filz, et de Catherine de Teyssier (2), ma belle filhe ; et fust bapizé en l'esglize de St Jullien le xxixᵉ decembre ensuyvant, sur la nuict ; et fust son parrin Mᵉ Guabriel Juge, adᵗ en Parlement, beau frere de mond. filz, et Francoyze de Baluze (3), veufve de feu Francoys Depres, bourgois et marchant dud. Tulle, vivent — Mʳ (4)   Borie, prebᵗʳᵉ de lad. esglize et vicaire de Mʳᵉ Jean de La Salvanye, cure d'icelle, luy administra le St Sacrement de baptesme.

— Le (5) 14ᵉ aoust 1641, nasquit Martin Baluze, mon filz et de Catherine Teyssier. Parrin, Mᵉ Martin Tramond, procureur en la seneschaussee et siege preˡ de Tulle, mon germain ; marrine : Claude Teyssier, ma belle sœur. La naissance fust entre deux et trois heures apres minuict.

———

(1) Ce passage est de la main de Jean Charles. Tout le reste a été écrit par son père.

(2-3) Encore un exemple de ce que nous avons dit plus haut touchant l'usage d'ajouter la particule au nom de famille, quand il s'agissait d'une femme mariée.

(4) Un blanc.

(5) Cette note est écrite de la main de Jean-Charles Baluze. Nous avons vu qu'on ne rencontre qu'un autre passage de son écriture à notre manuscrit. Voir cidessus : « Plus luy ay envoye par la Sabine, etc. »

www.ingramcontent.com/pod-product-compliance
Lightning Source LLC
LaVergne TN
LVHW050554090426
835512LV00008B/1157